Être humain, pleinement

DU MÊME AUTEUR

Société et révolution biologique : pour une éthique de la responsabilité, INRA Éditions, 1996.
Copies conformes, le clonage en question (avec Fabrice Papillon), NiL, 1998, Pocket, 1999.
La Médecine du XXI⁰ siècle : des gènes et des hommes (avec Dominique Rousset), Bayard, 1996.
Et l'homme dans tout ça ? Plaidoyer pour un humanisme moderne, NiL, 2000, Pocket, 2004.
L'avenir n'est pas écrit (avec Albert Jacquard, en collaboration avec Fabrice Papillon), Bayard, 2001, Pocket, 2004.
Raisonnable et humain, NiL, 2004, Pocket, 2006.
Bioéthique et liberté (avec Dominique Lecourt), PUF, coll. « Quadrige », 2004.
Doit-on légaliser l'euthanasie ? (avec André Comte-Sponville et Marie de Hennezel), Éditions de l'Atelier, 2004.
Le Secret de la salamandre. La médecine en quête d'immortalité (avec Fabrice Papillon), NiL, 2005, Pocket, 2007.
Comme deux frères. Mémoire et visions croisées (avec Jean-François Kahn), Stock, 2006, Points, 2007.
L'Homme, ce roseau pensant. Essai sur les racines de la nature humaine, NiL, 2007.
Vivre toujours plus ? (avec Roger-Pol Droit), Bayard, 2008.
L'Homme, le Bien, le Mal (avec Christian Godin), Stock, 2008 ; Livre Hachette, 2009.
L'Ultime Liberté ?, Plon, 2009.
Un type bien ne fait pas ça. Morale éthique et itinéraire personnel, NiL, 2010.
Faut-il légaliser l'euthanasie ? (avec Luc Ferry), Odile Jacob, 2010.
Controverses. Université, science et progrès (avec Valérie Pécresse), NiL, 2011.
Une histoire de la médecine ou le souffle d'Hippocrate (avec Jean-Claude Ameisen, Patrick Berche, Yvan Brohard), La Martinière, 2011.
Une histoire de la pharmacie. Remèdes, onguents et poisons (préface et postface), La Martinière, 2012.
Les Âges de la vie. Mythes, art, science (avec Yvan Brohard), La Martinière, 2012.
Un chercheur en campagne, Stock, 2012.
L'Homme, le Libéralisme et le Bien commun, Stock, 2013.
Pensées en chemin. Ma France des Ardennes au Pays basque, Stock, 2014.
Les gènes, ce qu'on ne sait pas encore (avec Anna Alter), Le Pommier, 2014.
Entre deux mers, voyage au bout de soi, Stock, 2015.

Axel Kahn

Être humain, pleinement

Stock

Les essais

Ouvrage dirigé
par François Azouvi

Les paroles de la chanson « Les amants d'un jour » (M. Senlis – C. Delecluse / M. Monnot) sont reproduites en p. 80 et 81 avec l'aimable autorisation des Éditions Beuscher Arpège. Tous droits réservés. © 1955 Éditions Beuscher Arpège.

Couverture Corinne App
Illustration de couverture : © Stéphanie Régerat

ISBN 978-2-234-08113-0

© Éditions Stock, 2016

Alexandre, Claude, Dominique et Olivier ont parcouru avec moi un bout de chemin sur cet itinéraire d'une vie humaine. Je leur dédie cet ouvrage.

Je le dédie aussi à toutes les femmes, à la science, aux femmes de science.

L'un et l'autre, comme deux bûches incandescentes qui s'embrasent l'une l'autre.

Osons vouloir, alors nous pourrons peut-être.

Introduction

Jours heureux au Kalimantan

La journée avait été terrible dans la petite cité de Bakengbenkel, près de la ville de Kumai, sur les bords du fleuve éponyme. La chaleur humide en ce mois de février anéantissait l'énergie des bêtes et des gens. La climatisation n'était pas en ces années-là aussi répandue qu'aujourd'hui et les larges pales des ventilateurs de plafond brassaient un air épais et moite. Certes, on était habitué au Kalimantan, la partie indonésienne de Bornéo, à cette épreuve ; elle se révélait pourtant en ce jour particulièrement rude. Le soir venant, le déclin du soleil et un léger vent poussaient enfin ceux qui ne travaillaient pas à descendre de leur terrasse, à quitter l'ombre protectrice des grands arbres ; les oiseaux, un moment eux-mêmes comme assommés, semblaient sortir de leur léthargie. Tous ceux qui se trouvaient sur les bords du grand fleuve, occupés à des activités diverses, s'aspergeaient par intervalles de son eau tiède qui éliminait pour un moment la sueur et dont l'évaporation provoquait une brève mais délicieuse impression de fraîcheur.

La vaste demeure en bois de deux niveaux du Dr Pak Dwi Ahmad Fauzi se trouvait à quelques centaines de mètres du Kumai, un peu isolée du bourg, dans une clairière où ses parents avaient fait installer un grand jardin d'agrément à l'arrière de la maison d'habitation, dans la direction du fleuve. Ahmad était particulièrement fier de sa riche collection de népenthès, singulières plantes carnivores aux formes variées. Il s'était attaché aussi à acclimater toute une variété d'orchidées autochtones d'une étonnante splendeur. Lorsque les malades lui en laissaient la possibilité, ce qui était rare, il aimait, au petit matin et le soir, se reposer à l'abri des beaux arbres qui délimitaient la propriété, bélians, fougères arborescentes, figuiers, etc. Cependant, le docteur en profitait peu car il était écrasé de travail. Sa réputation lui amenait des patients de Kumai et des bourgades alentour. De plus, il n'était pas rare qu'il eût à s'occuper des touristes qui s'embarquaient sur le fleuve depuis la ville et descendaient vers le parc national de Tanjung Puting, tout proche au sud. Il les voyait en fait surtout à leur retour car ils souffraient souvent alors d'une grande diversité de réactions allergiques dues aux piqûres d'insectes ou au contact avec des plantes urticantes, de troubles digestifs comme la « turista », provoqués par l'alimentation très pimentée ou des infections diverses. Doc Ahmad, comme on l'appelait, ne pouvait éviter non plus les visites à domicile, parfois en forêt, et était au total presque toujours sur la brèche.

Ce jour-là, cependant, il n'avait pas la tête à l'admiration sereine des merveilles de son jardin et avait

INTRODUCTION

demandé à Hasan Muzakkar, un jeune confrère de Kumai et un ami proche, de s'occuper des urgences. Ibu Purwanti Sumardi, sa jeune femme, de vingt ans sa cadette, attendait en effet leur premier enfant, leurs premiers, plutôt, car la grossesse était gémellaire. Doc Ahmad était loin d'avoir une confiance illimitée dans la maternité de la ville et, malgré les dangers possibles de l'accouchement de jumeaux, avait décidé, assisté d'une sage-femme expérimentée, d'aider lui-même sa femme. Son cabinet se trouvait dans la maison et était relativement bien équipé en matériel de petite chirurgie et en dispositifs de réanimation légère. Le docteur avait une solide pratique de l'obstétrique à domicile dans des conditions bien plus précaires qu'ici, chez lui et à proximité de ses installations professionnelles de soins. Il était néanmoins un peu inquiet et, de plus, fort ému. Absorbé par son dévouement pour ses malades, qui lui vouaient un véritable culte, il ne s'était avisé de prendre femme qu'à quarante ans passés et était éperdument amoureux de son épouse la belle Purwanti, une jeune infirmière rencontrée dans la clinique chirurgicale de Kumai à laquelle il adressait les patients qu'il convenait d'opérer. Bientôt, si tout se passait bien, il serait deux fois père. Ahmad tenait la main de Purwanti, l'encourageait, déposait mille baisers tendres sur son visage et sur son ventre distendu où il sentait des lèvres les mouvements brusques de ses futurs enfants qui demandaient à naître ; cela le bouleversait. Les premières contractions débutèrent après quatorze heures, en pleine chaleur, suivies de la perte des eaux ; Purwanti était courageuse, elle s'appliquait à faire tout ce qu'on lui avait enseigné ces derniers mois, elle suivait les indications de la sage-femme, à qui Ahmad avait laissé la conduite des opérations. Le travail se déroula sans la moindre anicroche. Eka naquit à vingt et une heures trente, sa petite sœur Dewi une dizaine de minutes plus tard, deux adorables poupées à la noire chevelure déjà abondante et à la peau mate, si ressemblantes que les parents se dirent qu'il leur faudrait apprendre à les distinguer et que ce ne serait pas facile. Les enfants avaient pleuré tout de suite, ils étaient là maintenant, secs et langés, endormis tout contre leur mère, dont le visage fatigué et en sueur rayonnait. Ahmad se sentait lui aussi épuisé, transporté de joie, éperdu de reconnaissance pour Purwanti, dont la vaillance l'avait émerveillé et qu'il trouvait en cet instant d'une beauté presque surnaturelle.

Les mois passèrent. Le bonheur régnait autant qu'il est possible dans le foyer de Purwanti et d'Ahmad, tout le monde était devenu gâteux devant les deux ravissantes jumelles dont les yeux avaient viré au vert émeraude, couleur ici exceptionnelle, les parents, les domestiques, les collègues, les voisins, tout le monde. La mère pouvait les allaiter toutes deux et elles profitaient bien. En août, leur poids dépassait déjà sept kilogrammes, elles n'avaient pratiquement jamais été malades, faisaient maintenant leurs nuits ; une merveille d'enfants ! Elles étaient toujours aussi difficiles à distinguer l'une de l'autre ; la mère y parvenait grâce à des mimiques et à des détails imperceptibles, mais le père devait se fier aux légères différences des brassières dont on les vêtait.

Tous dormaient profondément durant la nuit du 11 août, Ahmad et Purwanti à l'étage, les nourrissons dans une pièce qui communiquait avec la chambre de

INTRODUCTION

leurs parents, les deux domestiques, qui logeaient sur place à l'autre extrémité du même niveau. Toutes les baies vitrées étaient ouvertes, un petit courant d'air bienvenu s'infiltrait à travers les fenêtres munies de moustiquaires grillagées. On ne sait trop comment prit le feu, ce qui le déclencha. Sans doute fut-ce le résultat d'un court-circuit dans le système de climatisation récemment installé et encore à l'essai. L'air circulant par les fenêtres ouvertes attisa les flammes mais évacua pendant longtemps la fumée si bien que, lorsque les dormeurs se réveillèrent enfin, l'embrasement du bâtiment en bois était déjà presque général.

Purwanti fut la première en alerte, elle secoua son mari et donna l'alarme pour prévenir les domestiques, puis se précipita vers la chambre des enfants. Hélas, avant qu'elle n'ait pu l'atteindre, une poutre déjà à demi brûlée se détacha et l'atteignit à l'épaule, la projetant au sol et enflammant sa chemise de nuit. Ahmad éteignit les flammes et réussit à conduire la jeune femme hurlant de douleur et de terreur hors de la maison, où se trouvaient déjà les deux domestiques. L'homme leur confia Purwanti et se précipita aussitôt à l'étage par l'escalier maintenant gagné par les flammes, il parvint aux berceaux des enfants. Il lui fallait une main libre pour se protéger ; il ne pouvait de ce fait prendre ses deux filles en même temps. Il se saisit d'abord de Dewi et pu la sortir saine et sauve de la fournaise au mépris des brûlures, des débris qui tombaient maintenant nombreux de partout. Ahmad ne prit pas même le temps de souffler et retourna dans le bâtiment en proie à l'incendie. L'évidence qu'il lui fallait à tout prix sauver Eka le poussa à la plus folle témérité. Il ne sentit pas la morsure du feu lorsqu'il grimpa quatre à quatre l'escalier, qui s'effondra derrière lui, ses vêtements s'embrasèrent, il n'y prit pas garde. La fumée était maintenant épaisse, il pouvait à peine respirer, sa gorge et ses bronches le brûlaient. Heureusement, le berceau d'Eka près de la fenêtre n'avait pas encore été touché et la fumée était à cet endroit moins dense. Le père enveloppa la fillette dans une couverture et l'empoigna du bras gauche alors que, du droit, il se saisissait de la table à langer qu'il jeta, pour le déchirer, sur le fin grillage qui faisait office de moustiquaire. Il se lança alors du premier étage dans le jardin jonché lui aussi de brandons incandescents et s'éloigna vers l'arrière du bûcher qu'était devenue sa demeure, franchit en titubant la limite du terrain, fit quelques pas en direction du fleuve puis, asphyxié par la fumée, les poumons brûlés, la peau calcinée, s'effondra, inconscient. Sur le devant du bâtiment qui achevait maintenant de se consumer, les domestiques et Purwanti ne virent pas réapparaître Ahmad avec Eka, ils les crurent tous deux pris au piège. La dépouille sans vie et horriblement brûlée du docteur ne fut retrouvée qu'au matin. Il était seul. On jugea qu'Eka avait péri dans les flammes et que son jeune corps s'était totalement consumé.

Le triomphe de Dewi

Le deuil fut terrible. Purwanti se refusa d'abord à envisager de refaire sa vie. La jeune veuve avait hérité de son mari et se trouvait dans l'immédiat à l'abri du besoin. Sa famille et sa belle-famille étaient en outre

INTRODUCTION

prêtes à les aider, elle et sa fille. Pourtant, quatre ans après le drame, elle épousait Hasan Muzakkar, le jeune collègue à qui Ahmad avait demandé de le remplacer le jour de l'accouchement. Hasan vouait un véritable culte à son aîné, qu'il considérait comme son maître, voire un peu comme son père. Il entoura par conséquent la jeune veuve et la survivante des jumelles d'une attention prévenante. Purwanti et lui communièrent dans le souvenir du disparu, cela les rapprocha, ils s'unirent. Hasan était un homme bon, il aima Dewi autant que les trois autres enfants que lui donna par la suite sa femme. La famille quitta la région de Kumai et s'installa à Bogor, dans l'île de Java. Dewi adorait sa jeune sœur et ses deux jeunes frères. Plus âgée qu'eux, elle s'en occupa comme une petite maman, les fit manger, leur lut des livres d'enfants, joua avec eux, guida leurs premiers dessins, contribua à leur apprentissage de la lecture. Cette famille recomposée était en somme unie et, n'eût été la peine persistante de la mère au souvenir d'Eka, un foyer heureux.

Excellente écolière, Dewi fit ses grandes classes du secondaire dans l'un des meilleurs lycées de Djakarta. Intéressée très tôt par la biologie, elle entra à l'université, obtint très facilement l'équivalent de notre licence. Elle choisit ensuite de suivre un master de neurosciences et se spécialisa rapidement dans la régénération postnatale des cellules nerveuses d'animaux appartenant à plusieurs espèces. Son mémoire de deuxième année de master décrivait une observation passionnante et aux implications prometteuses. Un broyat des cellules du bourgeon de régénération qui se forme à l'extrémité amputée d'un membre d'une salamandre[1] stimulait la division de neurones prélevés sur des souris adultes. Or, on pensait jusque-là que ces cellules perdaient définitivement cette capacité. Avec l'accord de ses maîtres, Dewi décida de consacrer sa thèse de doctorat à approfondir le phénomène et à explorer ses potentialités thérapeutiques chez l'homme. Elle n'eut pas de difficulté à être acceptée pour mener ces travaux dans un célèbre laboratoire de neurobiologie humaine de l'université d'Amsterdam. La jeune chercheuse put rapidement publier d'excellents articles dans des revues de renom international dans la spécialité, en particulier *Neuron*. Les derniers résultats de son travail de thèse furent même accueillis dans *Science*, une consécration. Il faut dire qu'ils étaient retentissants : Dewi était parvenue à fractionner l'extrait de bourgeon de régénération qui avait été à l'origine de ses découvertes à caractériser la molécule active. Cette dernière se révélait capable d'induire la division de neurones humains adultes obtenus à partir d'une pièce chirurgicale. Or cette molécule était relativement simple, sa synthèse chimique n'était pas impossible. La publication de l'article de *Science* fit l'objet de titres dans presque tous les journaux de la planète, le président indonésien invita personnellement la jeune et brillante chercheuse qui faisait, déclara-t-il, honneur à la science de son pays et contribuait à celle du monde. Purwanti et Hasan étaient presque aussi fiers l'un que l'autre, les petits frères et sœur aussi même s'ils ne comprenaient guère ce dont ils devaient être fiers. Eux avaient toujours su que leur grande sœur était une fée.

---

1. A. Kahn et F. Papillon, *Le Secret de la salamandre. La médecine en quête d'immortalité*, NiL, 2005, Pocket, 2007.

INTRODUCTION

Après la soutenance de sa thèse à Amsterdam, qui fut une formalité et pour laquelle elle obtint la meilleure distinction, Dewi reçut du monde entier des propositions de séjours postdoctoraux, voyage payé, salaire et logement assurés. Elle se décida pour l'une des meilleures équipes de neurochimie et de médecine régénératrice du monde à l'université de Princeton dans le New Jersey.

Là, Dewi se vit adjoindre un doctorant et deux étudiants gradués. Elle put compter sur l'assistance de deux techniciens, se trouvant jeune postdoctorante à animer déjà une équipe, ce qui est exceptionnel. Des chimistes parvinrent en effet à synthétiser la molécule activatrice de la régénération neuronale. Ils la fournirent à Dewi, ainsi que différentes formes modifiées, ce que les chercheurs de l'industrie pharmaceutique ont l'habitude de réaliser. Les tests biologiques furent menés par la jeune Indonésienne et ses collaborateurs, certaines molécules dérivées du produit naturel s'avérèrent cent fois plus actives que la substance naturelle. Après deux ans de recherches, les choses étaient assez avancées pour envisager des essais cliniques chez des malades relevant d'accidents vasculaires cérébraux, voire souffrant de la maladie d'Alzheimer. Les propositions de positions stables à l'université ou dans l'industrie du médicament affluèrent des États-Unis et d'ailleurs. Dewi négocia, fit monter les enchères et choisit en fin de compte un poste de professeur assistant à l'École polytechnique fédérale de Lausanne, associé à un contrat de grand intérêt financier et scientifique avec une firme pharmaceutique internationale majeure installée en Suisse. Sa carrière a été éblouissante. Dewi Anjarwati Binti Sumardi est sans conteste aujourd'hui l'une des plus grandes biologistes du monde, ses travaux pourraient déboucher sur la mise au point de méthodes thérapeutiques révolutionnaires pour les maladies dégénératives et les dommages vasculaires ou autres du cerveau et de la moelle épinière, voire sur une méthode de prévention des troubles intellectuels liés à l'âge. Il se pourrait bien alors qu'elle fût dans l'avenir récompensée par le prix Nobel de physiologie et de médecine.

Eka, la fille de la forêt

Eka n'était pas morte, nous le savons. Elle pleurait durant cette nuit terrible, emmitouflée dans la couverture avec laquelle son père l'avait recouverte pour la protéger, à côté du corps sans vie de ce dernier. Les crépitements du brasier, le ronflement de l'incendie et la chute des structures de la maison empêchaient, d'où étaient Purwanti et les domestiques, d'entendre le bébé à l'arrière du bâtiment, d'autant que ses cris étaient étouffés par le tissu qui l'enveloppait. C'est alors que vint à passer une femelle orang-outan affolée par les flammes. Son petit de deux semaines avait été emporté la veille par un léopard de Bornéo, ses mamelles étaient gonflées de lait. Elle entendit l'enfant, la découvrit, la saisit et l'emporta. Après avoir rejoint son groupe dans la forêt, elle mit le nourrisson au sein, il téta tout de suite. Eka, farouchement protégée par sa mère nourricière, fut peu à peu adoptée aussi par les autres grands primates. Elle eut une sœur de lait un an après l'incendie, elle jouait

INTRODUCTION

avec elle dans le nid maternel près de la cime des grands arbres. Dès l'année suivante, elle commença à manger des mangues, des figues, des durians, des mangoustans, des litchis et des bananes que sa nourrice écrasait préalablement dans sa bouche. Plus tard, ce furent des œufs, des oisillons crus. Ce régime convint à Eka, elle grandit et se développa de manière satisfaisante. Elle n'était bien entendu pas équipée pour égaler les prouesses arboricoles des orangs-outans, elle ne pouvait comme eux rester suspendue longtemps par les bras aux branches et devait trouver un appui sur ses pieds. Néanmoins, elle se mit à grimper de mieux en mieux, assez bien à partir de quatre ans pour rejoindre seule le nid de sa mère adoptive et y dormir pelotonnée contre elle et sa jeune sœur. Cependant, la lenteur d'Eka pour se déplacer de branche en branche, l'impossibilité dans laquelle elle se trouvait d'échapper par une ascension rapide aux dangers de la terre ferme la conduisirent à adopter une attitude encore plus timide et prudente que celle de ses compagnons primates. Elle restait le plus souvent à proximité immédiate du refuge de son groupe, dans une zone peu accessible de la jungle en bordure du parc national de Tanjung Puting. Pendant que les membres du clan exploraient parfois les environs, se laissaient admirer par les visiteurs du parc, glanaient quelques friandises, elle demeurait prudemment cachée dans le feuillage des arbres, dont elle ne descendait pour faire quelques pas sur le sol qu'après avoir attentivement écouté le silence et vérifié sa profondeur. Les adultes et les jeunes lui apportaient l'essentiel de sa nourriture.

ÊTRE HUMAIN, PLEINEMENT

Cette discrétion explique sans doute que, durant dix ans, personne ne repéra la présence étrange parmi les orangs-outans de cette maintenant grande fille nue à la longue chevelure noire tout emmêlée. Elle fut découverte lorsque les travaux de déforestation entraînés par l'explosion de la culture du palmier à huile dans l'île atteignirent la limite protégée du parc. Coincée entre un affluent du Kumai et les monstrueuses machines qui balayaient les arbres comme fétus de paille, abandonnée par son groupe qu'elle ne pouvait suivre dans sa fuite aérienne, hurlant de terreur, elle sidéra d'étonnement les conducteurs d'engins qui n'eurent pas de peine à la capturer. Décontenancés par cette fille sauvage et craintive qui ne savait à l'évidence pas parler, refusait de manger presque tout ce qu'on lui donnait sauf des fruits et des œufs, qui semblait guetter la première occasion pour leur échapper, les responsables du chantier la transférèrent à Banjarmasin, la capitale de la province du Kalimantan-Sud. Là, après des examens médicaux et psychologiques plutôt sommaires, on la confia à une institution religieuse qui accueillait des enfants en difficulté, dont un certain nombre présentaient un retard mental. Eka Nur Aziza Binti Sumardi était pour tout le monde partie en fumée, on ne fit aucune relation entre elle et la fille sauvage. Les archives ne signalaient aucune disparition d'enfant dans les années précédentes et l'on supposa qu'il s'agissait d'un bébé abandonné par sa mère après un accouchement clandestin, miraculeusement sauvé. L'hypothèse d'une prise en charge par des orangs-outans fut vite soulevée. C'était là la seule plausible et le comportement de la fille, qui grimpait sur tout ce qu'elle pouvait atteindre, le suggérait. Pour

INTRODUCTION

le confirmer, on l'emmena dans un refuge qui recueillait ces grands singes. Elle tenta immédiatement de les rejoindre et se débattit follement lorsqu'on l'en empêcha. En ce début des années 1990, les réseaux sociaux n'avaient pas atteint le développement qu'on leur connaît aujourd'hui, surtout dans cette province reculée de l'Indonésie. Un journal local évoqua l'affaire, l'information ne fut pas reprise et ne se répandit pas au-delà du Kalimantan.

Les enseignants et psychologues de l'institution qui avait accueilli Eka parvinrent à lui apprendre à parler à l'aide d'un vocabulaire limité, elle comprenait des phrases simples. En revanche, et malgré le dévouement de ses enseignants, jamais elle ne put écrire. Son âge mental à douze ans était celui d'une enfant de trois à quatre ans, il ne se développa plus. Elle demeura craintive et jamais ne se mêla vraiment aux adolescents de son âge. Hélas, on abusa d'elle quand elle eut quatorze ans, elle tomba enceinte et accoucha d'un petit garçon qu'on lui retira immédiatement. Son état psychique se dégrada alors, elle alterna des épisodes d'abattement profond et des crises d'agitation et de rage durant lesquelles il fallait l'attacher. Elle devint anorexique et n'avait pas dix-huit ans lorsque la mort la saisit, réduite à la silhouette efflanquée d'une fille triste ou agitée qu'assaillaient des infections diverses et à répétition.

Divergence d'un clone

Dewi et Eka sont de vraies jumelles, elles partagent cent pour cent de leurs gènes et sont, de la sorte, l'une et l'autre les deux individus d'un clone unique. Cela signifie que les déterminants biologiques d'origine génétique des deux sœurs sont semblables, qu'elles possèdent au départ les mêmes potentialités. Les propriétés de leurs neurones, leur capacité à former les complexes réseaux synaptiques qui sont le support cellulaire des aptitudes cognitives sont similaires. Pourtant, le destin fera de Dewi l'une des femmes les plus talentueuses et brillantes de sa génération, alors qu'Eka finira dans la peau d'une postadolescente enfermée en elle-même et arriérée mentale, ce que l'on observe dans certaines formes sévères d'autisme. Les progrès réalisés ces dernières décennies en neurosciences permettent de bien comprendre les mécanismes fondamentaux aboutissant à une telle différence. Les enfants naissent avec des cerveaux encore immatures. Leur grosse tête renferme plus de neurones qu'il n'en restera quelques années plus tard, certains sont inutiles, voire nuisibles car ils interfèrent avec le fonctionnement harmonieux des circuits, ils seront éliminés. De manière schématique, les cellules, les connexions synaptiques et les circuits stimulés par l'utilisation des fonctions dans lesquelles ils sont impliqués persistent et même se renforcent. L'influx nerveux s'y transmet de plus en plus aisément, les neurotransmetteurs sont libérés dans les fentes synaptiques avec de plus en plus d'efficacité. En revanche, ce qui ne sert pas dépérit. Le développement postnatal du cerveau obéit à des mécanismes à la fois darwiniens et lamarckiens. Des connexions formées de manière aléatoire sont conservées si elles donnent un avantage sélectif, c'est-à-dire si elles confèrent des propriétés utiles. D'un autre côté, ces circuits sont perfectionnés par leur usage

INTRODUCTION

répété selon l'adage : « La fonction crée » – ou plutôt ici améliore – « l'organe. » On comprend alors que la riche vie affective de Dewi au sein d'une communauté humaine stimulante ait consolidé toutes les structures et tous les dispositifs utiles aux interactions dans un tel environnement. En revanche, chez Eka, ces systèmes n'ont pas été convoqués, ils ont dégénéré de manière irréversible. Elle a sans doute privilégié au contact des orangs-outans, en particulier de sa nourrice, de sa sœur de lait, des systèmes adaptés à la vie et aux échanges affectifs avec ces primates, mais ils sont fort différents de ceux nécessaires à l'intégration dans une famille et des groupes humains. Transposée à l'âge de dix ans dans la civilisation de ses semblables, la fille de la forêt était désormais largement dépourvue des moyens d'en profiter, son retard mental ne pouvait être résorbé car la plasticité cérébrale diminue rapidement au bout de quelques années de vie. Alors que sa sœur avait depuis sa prime enfance développé tous les outils mentaux de l'apprentissage et de l'acculturation, qu'ils ont vu leurs performances s'accroître progressivement au fil du temps en un puissant effet boule de neige, Eka pouvait à peine bénéficier de cette influence qu'elle n'était pas équipée pour percevoir. Au total, la chercheuse pouvait accéder à tout ce dont a besoin un être pour être pleinement humain, la fille de la forêt n'y était plus réceptive. Mais de quoi a-t-on besoin, au juste, pour être humain, pleinement ?

1
Bâtir

Affectif et cognitif chez le nourrisson

Les chercheurs en sciences cognitives ont démontré la grande précocité des aptitudes mentales chez le petit d'homme, certaines d'entre elles détectables avant même l'accouchement. Des prématurés semblent ainsi aptes à résoudre des problèmes d'un certain niveau d'abstraction. L'enregistrement de l'activité cérébrale de fœtus *in utero* témoigne de capacités de perception et suggère même que des centres qui seront impliqués plus tard dans leur traitement conscient sont stimulés. Il s'en est ensuivi une abondante littérature sur les bienfaits présumés d'une imprégnation prénatale des enfants par de la musique douce diffusée à proximité du ventre rebondi de la future maman. Des ceintures de grossesse munies d'un petit magnétophone ont été proposées sur les réseaux sociaux afin d'accoutumer le futur nouveau-né à l'audition et à la compréhension de langues étrangères ; pourquoi pas la diffusion de passages de *Critique de la raison pure* de Kant afin de former très tôt leur esprit philosophique ?! Pour raison garder, précisons que rien n'est démontré en ce domaine, si ce n'est que le fœtus en développement est bien entendu sensible à l'état de santé de la maman, aux infections qu'elle contracte et à ce qu'elle consomme. Il peut être affecté, le cas échéant gravement, par la dénutrition maternelle et, plus encore, par la consommation de substances toxiques, alcool, tabac et autres, qui doivent être totalement prohibées. Des expériences concordantes sur le rongeur de laboratoire et certaines études cliniques démontrent que le stress de la future mère risque d'avoir des répercussions à long terme sur les petits à venir, de l'ordre de la susceptibilité à l'anxiété et ses conséquences. Certaines de ces manifestations peuvent, au moins chez la souris et le rat, être transmises sur plusieurs générations. Le phénomène en cause est sans doute ici la perturbation du milieu intra-utérin par les différentes substances libérées dans la circulation sanguine sous l'influence du stress, à une période de développement intense des structures cérébrales.

Même s'il convient d'écarter certaines des déductions fantaisistes que certains se sont crus autorisés à en tirer, les capacités mentales déjà élevées du nouveau-né expliquent l'importance pour son développement ultérieur de la vie relationnelle dès les premiers moments de son existence. Pour simplifier, on peut distinguer influences affectives et cognitives, en fonction cependant de leur nature plus que de leurs conséquences. En effet, il y a maintenant longtemps que l'on a renoncé à opposer radicalement passion et raison, sentiment et raisonnement, tous deux contribuant par leurs interactions à la manifestation d'un psychisme humain. Cela se manifeste avec un éclat particulier pour tout ce qui concerne la mémoire. La mémorisation d'une information ou d'une observation est fonction de sa charge émotionnelle. Nul souvenir ne persistera d'une perception neutre, indifférente, d'une leçon ennuyeuse, alors qu'un épisode merveilleux ou épouvantable, un cours vivant et enthousiasmant laisseront des souvenirs impérissables. Hommes politiques, publicitaires et enseignants connaissent ces règles, qu'ils appliquent du mieux qu'ils le peuvent. Transposées à l'univers du nouveau-né, ces notions soulignent combien la tendresse maternelle et le bien-être qu'elle engendre sont favorables à l'efficacité de l'imprégnation cognitive du tout-petit, au façonnage de ses structures encéphaliques par les échanges, les stimulations, le regard, la voix et les mots. Il existe un syndrome psychique de la carence affective que tous les pédopsychiatres connaissent très bien, ses séquelles risquent d'être indélébiles.

Dans l'exemple de Dewi et d'Eka, elles bénéficient toutes deux du même environnement familial optimal durant les six premiers mois de leur vie. Passé l'épouvantable traumatisme maternel, et peut-être personnel, causé par l'incendie et la disparition du père et de la sœur, Dewi retrouvera vite une atmosphère favorable et stimulante. Eka, qui a connu le même traumatisme, ne sera pas confrontée à celui de la mère mais aura à affronter la perte de celle-ci, avec laquelle de riches rapports s'étaient déjà tissés. Pourtant, elle ne sera pas totalement privée de tendresse. Qui a observé attentivement des familles de primates hominidés tels les orangs-outans ne peut qu'être ému par l'évidence de l'amour maternel que les mères portent à leur progéniture, et par l'attachement réciproque des petits à celles-ci. La femelle qui a emporté la fillette venait de perdre son enfant, il est probable qu'elle se soit attachée tout de suite à Eka et que cette tendresse de substitution se soit développée au fil des allaitements et des soins. La fillette rassasiée finit par s'endormir contre le ventre chaud de sa nourrice, nous n'avons pas de raison de douter de la qualité sentimentale du lien qui s'est établi. Il s'enrichira de ses contacts et de ses jeux avec sa sœur de lait. Manque cependant dans la forêt, en compagnie des grands singes, la diversité des stimulations intellectuelles, celles en particulier qui permettent la manifestation du potentiel inné des humains à acquérir le langage. De même, l'entraînement de la capacité à l'abstraction que possèdent très tôt dans leur existence tous les membres de notre espèce sera à l'évidence bien moindre dans les nids à la cime des arbres que dans le foyer de Purwanti. Non sollicitées alors que la plasticité cérébrale est maximale, les dispositions innées d'Eka au langage et à l'abstraction perdront beaucoup de leur efficience, expliquant ses difficultés ultérieures.

L'importance des premières années de l'existence pour mobiliser les potentialités de chaque enfant à échanger, apprendre, penser de manière abstraite, façonner en somme un esprit typiquement humain, moyen de l'exercice d'une liberté propre aux êtres de notre espèce, explique que le bébé d'Eka lui ait été retiré à la naissance. La question se pose chaque fois qu'une femme affectée par un retard cognitif important accouche et que son entourage cherche à assurer néanmoins au nouveau venu la meilleure stimulation intellectuelle au moment crucial où celle-ci va créer les conditions de la vie psychique et modeler les capacités d'apprentissage ultérieures. Pourtant, c'est là aussi une incroyable violence envers la mère, qui, dans le cas de la fille de la forêt, aboutit à la décompensation de son état mental. Les centres et systèmes cérébraux sollicités par les émotions et ceux impliqués dans l'exercice de la raison sont en partie distincts, je l'ai déjà indiqué. C'est la raison pour laquelle les thérapeutes et l'entourage des personnes au faible niveau d'entendement utilisent pour accéder à elles et les stimuler le premier registre, celui de la sensibilité esthétique, de la sollicitation affective par le contact avec un animal, des caresses, etc. Le dilemme entre l'intérêt de l'enfant et celui de sa mère est terrible. Il est résolu aujourd'hui, chaque fois que possible, en tentant de ménager l'un et l'autre. Il s'agit alors de s'efforcer tout à la fois de maintenir les contacts entre la femme et son nouveau-né, et d'assurer par ailleurs à celui-ci la meilleure stimulation possible. Redoutable difficulté qui peut être surmontée dans les cas favorables par l'institution d'une maternité partagée entre la mère biologique handicapée et une autre femme, membre de la famille ou volontaire non apparentée.

Il ne faudrait pas interpréter ce qui précède en des termes d'un déterminisme absolu et radical des effets de l'imprégnation culturelle précoce. Ce qui apparaît indispensable pour préserver et développer l'aptitude à la progression ultérieure des capacités et des savoirs au sein d'une civilisation humaine et en réponse à toutes les formes d'enseignement, c'est la conjonction d'un cadre affectif idoine et de l'immersion dans un système d'interactions et d'échanges propres aux familles et aux collectivités humaines ; mon exemple en témoigne. J'ai été élevé durant les cinq premières années de ma vie par une paysanne très pauvre de plus de quarante ans qui ne lisait jamais et avait de la difficulté à écrire. Aucun de ses enfants, grands déjà, n'avait dépassé le niveau du certificat d'études. Le petit village de l'extrême sud de la Touraine où je suis né et où j'ai grandi était habité surtout par des personnes de même type. J'adorais ma « nourrice sèche », elle me le rendait bien ; notre séparation a été pour tous deux un déchirement. Elle, ses enfants, Charlotte, la fermière chez qui je passais bientôt mes journées au milieu de ses poules, de ses canards et de ses ânes, étaient des personnes incroyablement vivantes et attentives à moi, elles évoquaient leurs souvenirs, les histoires du pays, me mettaient en garde contre les serpents après que quelqu'un eut été mordu par une vipère. J'apprenais les fleurs sauvages, les légumes du jardin, la manière de les cuisiner, l'habitude des bêtes, les nuages et la pluie, le vent et le soleil. On me montrait comment soigner les poussins souffrant de la « pépie », harnacher les animaux de trait. Durant ce temps, mes deux frères vivaient à Paris au contact quotidien de l'intellectuel pur, pédagogue passionné et philosophe profond qu'était notre père Jean Kahn, de Camille, notre mère, qui lisait comme on boit ou respire. Par la suite, nos parcours respectifs ne témoignent guère d'une influence de ces conditions radicalement différentes de nos vies d'enfants sur notre aisance à l'école et à l'université, puis nos itinéraires intellectuels et professionnels.

L'individuation

« L'un et l'autre, irréductibles l'un à l'autre mais indissociables l'un de l'autre, matrice originelle d'où émerge l'humanité. » Tel m'apparaît être le statut de l'altérité et son rôle crucial dans le développement de la personnalité de chacun. Un individu ne peut, en effet, s'édifier qu'au contact d'autres personnes auxquelles il rend la pareille, c'est-à-dire qu'il contribue à instituer dans leur humanité. Les yeux de l'autre sont le premier miroir dans lequel tout être humain perçoit son reflet et prend de la sorte conscience de son identité.

Chez l'enfant, ces « autres édificateurs » sont avant tout les parents, établis de façon progressive dans leur altérité à mesure que se distend le lien fusionnel originel avec la mère : le fœtus en est dépendant et indissociable *in utero*, le bébé commence à s'en démarquer à l'accouchement. Quoique son autonomie reste faible, le manque de la mère qui s'installe alors par instants constitue la première évidence de son extériorité, de son altérité. Puis le garçonnet ou la fillette prend conscience de sa différence avec les parents, quoiqu'il ou elle aspire à leur ressembler et les sache indispensables à son existence. Nous en sommes, en quelque sorte, à un stade d'altérité contrainte par des liens de nature. La situation au sein des fratries est toute différente : là aussi, l'altérité du frère ou de la sœur, compagnon imposé, non choisi, mais que la tradition enjoint d'aimer « fraternellement », est un élément déterminant de l'environnement familial, cadre de l'édification des jeunes. Cependant, les membres de cette fratrie ne dépendent pas les uns des autres, leur rivalité pour la captation privilégiée de la tendresse parentale et des attentions associées est un contrepoids à leur connivence familière et à la norme morale selon laquelle il convient qu'ils soient unis par leur fraternité. L'éventail des relations fraternelles est de la sorte des plus larges, de l'amitié profonde et indéfectible, confinant à l'amour, jusqu'à l'évolution de la rivalité vers la jalousie et l'hostilité franche en passant par tous les stades intermédiaires. Dewi était déjà fillette lorsque sont nés ses demi-sœur et frères, elle s'est trouvée vis-à-vis d'eux dans la position intermédiaire de grande sœur et de petite maman, et ces relations ont sans doute contribué à son développement affectif, à l'éveil précoce d'un sentiment de responsabilité envers des êtres aimés, l'une des réactions les plus belles à l'altérité. Eka a pu développer de la tendresse pour sa sœur de lait mais il est probable que le processus d'identification – différenciation en jeu dans le processus d'individuation – ait été perturbé par la dissemblance et par l'asymétrie des potentialités psychiques. De même, la référence maternelle à la femelle orang-outan qui s'est substituée ou superposée à celle plus précoce à Purwanti doit avoir institué pour la fillette une image de l'altérité parentale moins riche sur le plan cognitif que celle dont a continué de bénéficier Dewi.

Dewi et Eka sont de vraies jumelles. Or, dans ce paysage des relations interindividuelles au sein de la famille, les jumeaux constituent en général une exception des plus énigmatiques. Vrais ou faux – les premiers formant, au sens biologique du terme, un « clone » d'individus aux identités génétiques semblables et les seconds, frères ou sœurs classiques mais se développant dans le même utérus –, les jumeaux sont liés l'un à l'autre par la force de l'habitude et par une « connivence » qui débute dans le ventre maternel et se poursuit au-delà : ces enfants ont toujours le même âge, le même stade de développement, une sensibilité similaire à l'autre et aux événements extérieurs, ce qui crée peu à peu dans leur esprit une empreinte indélébile. De ce fait, les ressorts positifs de la fraternité s'en trouvent renforcés. Le cas des vrais jumeaux est cependant le plus étrange en ce que l'autre est, d'un point de vue biologique et pour l'essentiel, identique. Mêmes gènes, et par conséquent même aspect, mêmes interfaces sensorielles (le toucher, le goût, l'odorat, la vision) stimulées par des environnements le plus souvent semblables, équipements cérébraux similaires aboutissant à un même type de traitement cognitif des informations, des *stimuli*, des sensations et des émotions, etc. Certes, des jumeaux ne sont jamais la réplique parfaite l'un de l'autre. Le développement de l'embryon est en effet soumis aux instructions d'un programme génétique, ici identique, mais aussi à des processus complexes de migrations de cellules en interaction les unes avec les autres, phénomènes laissant une certaine place au hasard. Pour autant, l'altérité de l'autre est, chez les vrais jumeaux, incertaine, ce qui bouleverse bien entendu les conditions d'édification de chacun. Le « regard de l'autre », évoqué précédemment, s'apparente au regard du même s'il s'agit de celui du jumeau, et hésite entre les deux membres du couple gémellaire s'il s'agit d'un tiers extérieur. Ce peut être à l'origine du malaise décrit par certains jumeaux pour établir une distinction claire entre eux, pour parachever leur individuation par rapport à leur copie conforme.

La constitution d'une personnalité hybride procédant de plusieurs univers psychiques connectés, entrelacés, est l'un des constituants de l'amitié profonde, fusionnelle elle aussi, ce lien que décrivait Montaigne à propos de La Boétie. « Au demeurant, ce que nous appelons ordinairement amis et amitiés, ce ne sont qu'accointances et familiarités nouées par quelque occasion ou commodité, par le moyen de laquelle nos âmes s'entretiennent. En l'amitié de quoi je parle, elles se mêlent et confondent l'une en l'autre, d'un mélange si universel qu'elles effacent et ne retrouvent plus la couture qui les a jointes. Si on me presse de dire pourquoi je l'aimais, je sens que cela ne se peut exprimer qu'en répondant : "Parce que c'était lui, parce que c'était moi." » Et plus loin dans ce texte des *Essais* (livre premier), Montaigne ajoute qu'une quintessence amena leur volonté à l'un et à l'autre à se perdre dans celle de l'ami. « Je dis perdre, à la vérité, ne nous réservant rien qui nous fût propre, ni qui fût ou sien ou mien[1]. »

Les gémeaux, Castor et Pollux dans la mythologie grecque (demi-jumeaux à vrai dire), peuvent être assimilés à des amis parfaits, au sens où l'évoque Montaigne, une perfection issue de la nature et non de façon prédominante d'un investissement de la volonté en la volonté de l'autre. De plus, l'omniprésence de la relation duale crée comme un écran séparant le couple des jumeaux de son environnement, ce qui atténue le

---

1. M. de Montaigne, *Les Essais*, Gallimard, « La Pléiade », 2007.

contact avec autrui et instaure, pourrait-on dire, une sorte de repli partagé. Ces deux-là se comprennent à demi-mot, à travers un jargon qui leur est propre et paraît focalisé sur des besoins, des réactions ou des émotions simples. D'où, souvent, une apparence de léger retard de développement du langage dont rend compte un « quotient intellectuel » légèrement plus faible chez les jumeaux que chez des enfants d'âges similaires.

Pour autant, les jumeaux sont, bien entendu, chacun des personnes à part entière, en pleine possession des outils cognitifs nécessaires à l'édification d'une personnalité propre. Ils sont juste confrontés à une personne qui leur ressemble étrangement, qu'ils ont toujours connue, dont ils ont partagé les sensations et les émotions, et qui dispose des mêmes équipements mentaux qu'eux-mêmes. Il s'ensuit que l'individuation, ici nullement favorisée par les différences de nature, doit pour l'essentiel être volontaire. C'est ce que l'on observe pour la grande majorité des cas de jumeaux élevés ensemble : ils ressentent la nécessité de bâtir leur univers personnel, psychique et comportemental en le différenciant de celui de l'autre partenaire du couple gémellaire.

Sans doute est-ce là l'explication d'un résultat qui semblerait, sinon, paradoxal : des tests psychométriques divers pratiqués chez des jumeaux jeunes, partageant la même existence, tendent à être plus discordants que ceux réalisés beaucoup plus tard dans la vie, lorsque chacun a parcouru sa propre voie familiale, professionnelle, etc. Une telle observation est probablement le résultat du processus de différenciation volontaire de deux êtres semblables confrontés en permanence l'un à l'autre – double dont il importe de se distinguer. À l'inverse, des décennies après, une telle motivation a disparu, les jumeaux, désormais séparés, étant libérés de la présence incontournable, indispensable mais pesante de l'autre soi-même. Durant leurs vies respectives, ces jumeaux ont connu des expériences certes différentes mais, proches par leurs goûts, ils ont pu côtoyer des personnes qui les ont regardés de la même manière. Ils ont en outre perçu leur environnement physique et humain à l'aide d'une sensibilité identique, ont traité ces informations par des dispositifs neuronaux dont le précâblage est similaire, y ont réagi par un potentiel émotionnel voisin... De ce fait, l'identité génétique a pu induire une certaine similitude d'empreintes « épigéniques », liées aux choses de la vie.

La connivence gémellaire déjà évoquée n'a opéré que six mois entre Dewi et Eka, remplacée ensuite par des relations fraternelles classiques dans le premier cas et interspécifiques dans le second. Le caractère (homme-singe) de ces relations entre la petite fille humaine et la jeune guenon, surajouté à la relative pauvreté mentale des interactions maternelles, n'a pas doté Eka des moyens mentaux de manifester les traits psychiques dont les conditions d'existence de sa jumelle permettront le brillant épanouissement.

L'enfant, son cerveau et le monde

Dès sa naissance, l'enfant est confronté à un monde extérieur dont les frontières sont repoussées peu à peu et qu'il entreprend aussitôt d'explorer : la peau et le sein de la mère, le plus souvent la différence vite rassurante du père, les autres proches, les mille objets du berceau puis de la maison, l'univers du dehors de plus en plus vaste. Sauf pour Eka, bien entendu. Les groupes d'orangs-outans sont casaniers, leur territoire est limité, celui de la fillette l'est bien plus encore puisqu'elle ne peut les accompagner dans leurs escapades. Elle passe de ce fait les dix premières années de sa vie dans un espace presque immuable dont la pauvreté en sollicitations nouvelles contribuera au retard de son développement psychique. L'accroissement des capacités mentales de l'enfant est le résultat conjoint, nous l'avons déjà discuté, des modifications postnatales de l'organisation de son cerveau, de sa maturation, de l'élimination de cellules nerveuses et de synapses inutiles et parasites couplée à l'établissement et à la consolidation de connexions utiles au traitement des *stimuli* perceptifs et cognitifs. Au XXe siècle, le psychologue suisse Jean Piaget avait formalisé la progression des aptitudes intellectuelles des enfants en stades successifs : l'intelligence sensorimotrice du bébé de la naissance à deux ans, puis l'installation progressive d'une intelligence conceptuelle, d'abord concrète jusqu'à sept ans, puis abstraite à partir de douze ans[1,2]. Ce schéma a cependant depuis été remis en cause, en particulier par Olivier Houdé, un disciple de Jean Piaget. On sait aujourd'hui que les aptitudes mentales du très jeune enfant, même du

---

1. B. Inhelder et J. Piaget, *La Psychologie de l'enfant*, Puf, 1966.
2. B. Inhelder et J. Piaget, *De la logique de l'enfant à la logique de l'adolescent*, Puf, 1955.

nourrisson, sont bien plus développées que ce qui a été anticipé par Piaget. On a déjà, à cet âge, un certain accès à des concepts mathématiques, le bébé est capable d'appréhender les nombres. Cependant, ces potentialités sont contrariées par l'incapacité des plus jeunes à inhiber les réponses instinctives et erronées. Le prix Nobel d'économie 2002 Daniel Kahneman, un psychologue et économiste américain spécialiste des processus décisionnels, a distingué deux systèmes de pensée, l'un intuitif, rapide et émotionnel, et l'autre plus réfléchi et logique[1].

Olivier Houdé s'est appuyé sur ces travaux, en les approfondissant, pour expliquer le développement cognitif des enfants. Loin de la théorie des stades progressifs et cumulatifs de Piaget, il suppose la mise en jeu de trois mécanismes de pensée. Les deux premiers sont ceux proposés par Kahneman. Le processus rapide, presque immédiat, regroupe sans doute des capacités innées sélectionnées par l'évolution et d'autres qui, acquises plus tard, seront progressivement installées à leur côté. L'utilisation de ce système est suffisante dans l'essentiel des tâches de la vie courante pour commander des comportements adaptés à des situations qui exigent une réponse presque immédiate, échapper à un péril ou faire de la bicyclette. Les circuits cérébraux en cause sont courts, stabilisés dès la naissance ou au cours de l'apprentissage. Le système lent est celui de la réflexion consciente, qui exige la participation du cortex cérébral, en particulier de sa région préfrontale. Il ouvre à la possibilité de

---

1. D. Kahneman, *Système 1, système 2. Les deux vitesses de la pensée*, Flammarion, 2012.

l'abstraction et à la réalisation d'opérations mentales complexes. À l'aide de tests divers, Olivier Houdé, dont la carrière a débuté par l'enseignement, démontre l'installation précoce de ces deux systèmes, le lent et le rapide. Cependant, cette asynchronie de fonctionnement a pour conséquence la mise hors circuit chez les plus jeunes du mécanisme réflexif, puisque le processus rapide est auparavant déjà entré en action et a conduit à des réponses intuitives fautives, à des biais de raisonnement. C'est pourquoi l'appel au raisonnement logique, la dérivation des circuits synaptiques vers les régions corticales qui soumettront le comportement à une analyse consciente préalable, exige auparavant l'inhibition du système 1, qui expose aux réponses instinctives fondées sur des stéréotypes, des croyances et conduit à des décisions absurdes. Olivier Houdé fait intervenir un troisième système inhibiteur qui se surajoute à ceux de Kahneman. C'est lui qui permettrait, après la période sept, douze ans, d'éviter les biais cognitifs liés à l'activation préalable du système 1. Son immaturité chez le jeune enfant expliquerait le caractère fréquemment erroné des réponses apportées aux problèmes posés lorsque la solution correcte exige de faire appel au système 2[1]. C'est pourquoi, selon l'auteur, apprendre consisterait surtout, dans les premières années de la vie, à résister aux intuitions fausses et aux illusions[2], c'est-à-dire à développer le système 3, dont la maturation progressive après la naissance rendrait compte en fait des stades apparents de développement proposés par Piaget.

---

1. O. Houdé, *Le Raisonnement*, Puf, 2014.
2. O. Houdé, *Apprendre à résister*, Puf, 2015.

Cette notion selon laquelle une partie importante de la qualité des processus cognitifs humains repose sur la capacité à inhiber des pensées instinctives et éviter l'action qui en découlerait sinon en les passant d'abord au crible de la conscience paraît de plus en plus s'imposer dans le domaine des sciences cognitives. Les expériences de l'Américain Benjamin Libet ont démontré dans les années 1970 que le mécanisme menant à un acte volontaire est initié par le cerveau inconsciemment, bien avant que la volonté consciente d'agir n'apparaisse. Jusqu'à trois cent cinquante millisecondes s'écoulent entre la détection dans le cerveau d'un signal électrique annonciateur d'une action et la perception consciente de son intention par le sujet, puis encore cent à cent cinquante millisecondes avant sa réalisation[1]. Quoique l'interprétation de ces données fasse l'objet de vives discussions, leur réalité est amplement confirmée. Tout se passe comme si l'être humain « était agi » par des déterminants neuronaux inconscients mais disposait de quelques centaines de millisecondes pour les analyser et, parfois, les inhiber. Ce serait là le temps qui lui est offert pour bloquer sa réaction instinctive, peut-être par intervention de ce système 3 d'Olivier Houdé, et déboucher sur l'analyse consciente, le cas échéant logique et de toute façon lente, des pensées qui se sont d'abord imposées à lui.

Cette vision moderne des mécanismes psychiques et de leur développement ne contredit en rien l'importance de l'interaction des enfants avec une communauté humaine, notamment au travers de l'enseignement et

---

1. B. Libet, *L'Esprit au-delà des neurones. Exploration de la conscience et de la liberté*, Dervy, 2012.

de l'apprentissage. Une semblable interaction est sans doute nécessaire pour que s'établissent les automatismes mentaux acquis de façon précoce et qui se surajoutent aux déterminismes innés pour constituer le système 1 de Kahneman. De plus, le développement du système 3 d'Houdé, celui de la résistance mentale aux biais de raisonnement, est lui aussi un enjeu majeur de l'enseignement parental et scolaire. Enfin, la pensée consciente est d'autant plus performante qu'elle peut s'appuyer sur un socle riche de souvenirs et de connaissances, qui pourront être mobilisés si besoin était et qui sont acquis dans un environnement familial et scolaire. On comprend de la sorte qu'Eka soit gravement déficiente en chacun des trois systèmes cognitifs définis par Kahneman et Houdé. Confrontée à un monde étroit et peu stimulant pour une petite fille, elle n'est pas même armée pour avoir avec lui des échanges d'une qualité propre à notre espèce et ne peut qu'être cette enfant sauvage évoquée dans l'introduction.

L'enfance, pouvoirs et fragilité

J'ai dit combien la beauté rieuse des deux jolies petites poupées brunes aux troublants yeux verts, Dewi et Eka, bouleversait avant l'incendie les parents, les proches et tous les visiteurs. C'est que l'enfance inspire aux humains d'âge adulte la dimension de l'innocence, de l'insouciance et de la tendresse, qu'illustrent ces tableaux où les peintres mettent en scène leur propre progéniture ou d'autres enfants. Cette émotion qu'éveillent leurs corps et leurs visages est ressentie par l'immense majorité des hommes et des femmes de tout temps (au moins historique), si l'on se réfère aux écrits les plus anciens ; elle constitue sans doute un trait anthropologique. S'y mêlent, autant qu'on puisse l'analyser, la sensibilité à la perpétuation du lignage lorsque tel est le cas, l'impression de page blanche, de fragilité, le sentiment de responsabilité que provoque cette dernière, le désir de protection qu'elle engendre. Souvent, la frêle main de la fillette dans la grosse pogne du baroudeur, le bisou humide du garçonnet sur la joue mal rasée du malfrat mettent leur cœur en fusion. Le grand-père bourru et occupé cesse toute occupation lorsqu'on l'appelle : « Papi ! »

Les yeux d'un enfant ! Le sourire d'un enfant ! Les pleurs d'un enfant ! Plus de vingt ans après, le regard d'un petit garçon inconnu, dont le prénom m'échappe aujourd'hui, reste gravé dans ma mémoire avec une netteté stupéfiante. C'était au col d'Allos, au cœur des Alpes du Sud dans lesquelles je randonnais. Ma compagne et moi nous étions arrêtés au refuge pour la nuit, nous y étions seuls avec la gardienne. Cette jeune femme célibataire, sans doute un peu paumée, était venue là pour la saison d'été avec son fils âgé de cinq ans environ. L'isolement du lieu, la rareté des randonneurs devaient, j'imagine, rendre parfois pesante la monotonie des jours pour la mère et plus encore pour l'enfant. Le garçon m'adopta aussitôt et ne me lâcha pas de la soirée. Pour lui, je montai ma tente, l'y fis entrer, s'y cacher, jouer. Il m'« aida » à graisser les chaussures, à réimperméabiliser la tente, à vérifier le matériel. Il parla peu, m'écouta beaucoup, les yeux écarquillés. Le lendemain matin tôt, il fallut bien poursuivre la route. Elle montait en écharpe vers une crête dominant le col, presque en ligne droite, si bien que je vis longtemps le refuge dont nous nous éloignions. L'enfant restait là, à quelques mètres du bâtiment, le regard pointé vers moi, bientôt vers l'horizon. Parvenu sur la crête et juste avant de perdre définitivement de vue le col en contrebas, je me retournai une dernière fois. Le petit garçon n'était plus qu'un point difficile à discerner. Je pris mes jumelles. Il était toujours là, immobile, m'observant. Je ne sais pourquoi, aujourd'hui encore, ma plume tremble d'émotion en me rappelant cette rencontre, ce regard.

Le pouvoir des enfants sur l'âme humaine est tel qu'il agit aussi sur les criminels les plus endurcis. Dans les quartiers de haute sécurité des prisons, les violeurs et assassins d'enfants doivent être isolés et protégés par les gardiens, faute de quoi leurs codétenus leur feraient chèrement payer un crime à leurs yeux inacceptable. Dans le monde animal des oiseaux et des mammifères, la relation particulière entre adultes et jeunes est bien sûr dominée par l'instinct maternel (plus rarement paternel, chez les oiseaux surtout), dont le caractère évolutif est une évidence : il est la condition de la survie des petits et, de la sorte, de la perpétuation des espèces. Il existe pourtant d'autres exemples de la sensibilité animale à la fragilité des plus jeunes. Il est ainsi courant d'observer un touchant spectacle chez les vaches au pré lorsque l'une d'entre elles a vêlé en un petit matin glacial de printemps. Ses congénères se regroupent alors pour protéger le nouveau-né de la morsure du froid, soufflent sur lui, l'aident à se lever, à tenir debout. Le trait anthropologique qu'est la sensibilité émotionnelle des adultes à la fragilité de l'enfance a par conséquent des racines animales anciennes. Il manifeste ses effets au-delà même de notre propre progéniture et s'étend en général à tous les bébés animaux, canetons, poussins, chiots, chatons, poulains, veaux, éléphanteaux, lionceaux, girafons, etc. « Qu'ils sont mignons ! » s'exclame-t-on. Si l'enfance est à ce point valorisée par les adultes qu'ils se désolent parfois de voir leurs enfants grandir, la règle veut *a contrario* que ces derniers aspirent à devenir grands. Ils jouent en général au papa et à la maman, au docteur, au pompier, au soldat ou à l'infirmier (toujours les stéréotypes de genre). Le prestige et le pouvoir des aînés, le grand frère, la grande sœur, Dewi aux yeux des enfants de Purwanti et Hasan, incitent à vouloir les imiter, à devenir aussi forts qu'eux, à bénéficier de la part des parents des mêmes droits et privilèges. Et puis, épouser maman plus tard, séduire papa reste l'un des classiques du genre. Les choses sont cependant plus complexes puisque, comme on l'a vu, ceux dont le pouvoir sur les adultes est le plus manifeste sont par de nombreux aspects les jeunes enfants. S'il s'agit de garder papa et maman pour soi, de continuer à les attendrir, « faire le bébé » se révèle alors une stratégie payante, celle qui explique la régression temporaire des aînés lors de l'arrivée d'un petit frère ou d'une petite sœur, dont il importe d'éviter qu'il ne capte l'affection parentale.

Dans *Le Tambour* de Günter Grass[1] (et le film qu'en a tiré Volker Schlöndorff), le jeune Oskar Matzerath, confronté à l'hideuse société nazie, refuse de grandir et lutte de toutes ses forces pour y parvenir, ne relâchant

---
1. G. Grass, *Le Tambour*, Le Seuil, 1961.

son effort qu'après la mort de Staline, dont le totalitarisme et la sauvagerie perpétuent ceux d'Hitler. Il est cependant trop tard, il ne sera jamais « grand », un adulte comme les autres. Livre et film illustrent ici une évidence : on ne désire en principe que ce qui apparaît désirable, on peut refuser ce qui fait peur ou horreur, même quand cela est inéluctable, le déni de la réalité existe, Oskar le substantialise. Nombreux sont les petits imitateurs modernes d'Oskar, qui mettent aujourd'hui tout en œuvre pour dilater le temps de l'enfance et de ses tambours, leur succès est cependant moindre que le sien. Ils réagissent à leur manière un peu comme tant de couples français dans l'entre-deux-guerres. Profondément marqués par l'absurde carnage des tranchées, les trois cent mille morts de Verdun, les charges baïonnette au fusil contre les nids de mitrailleuses adverses, ces couples jugeaient dénué de sens de faire des enfants destinés à devenir de la chair à canon. Pour bien des enfants, les grands sont devenus un contre-modèle. Impossible de s'identifier à eux tant ils représentent ce qu'on aimerait ne jamais être. La dureté et la vénalité du monde, sa violence, sa vulgarité et sa laideur, son impuissance à endiguer le malheur dessinent les contours du repoussoir parfait. Mais la recette d'Oskar s'est perdue, et les enfants grandissent malgré tout. Promis à l'adolescence, ils ont parfois déjà hanté les cabinets des psychologues et des pédopsychiatres.

L'adolescence

L'adolescence est une catégorie d'âge d'invention récente. Roméo et Juliette doivent avoir respectivement quinze et treize ans, peut-être sont-ils même prépubères, car la puberté était au XVIe siècle plus tardive que de nos jours. Pourtant, ni Shakespeare ni les gens de son temps ne les rangent dans une catégorie spéciale, ce sont de jeunes adultes. C'est au XXe siècle qu'apparaît en Europe le concept d'une période de la vie contemporaine de la puberté, phase de tous les dangers. Cette invention de l'adolescence et des périls qui lui sont associés est l'un des fruits de la pensée hygiéniste, des préoccupations de contrôle social et de diabolisation de la sexualité propres à l'époque, au moins en Occident chrétien. Rappelons par exemple la répression féroce de la masturbation juvénile, répression à laquelle concouraient l'Église, les médecins et les éducateurs. Reste de ce temps-là une foule de textes savoureux et grotesques informant les parents de ce qu'il convenait de faire pour éviter que leurs adolescents aient des émissions nocturnes de sperme et se masturbent. Des publications médicales détaillent les conséquences affreuses de ces pratiques.

En France, l'élaboration d'un discours traitant de cette « période dangereuse » est contemporaine des révoltes lycéennes fréquentes, qui diffèrent des chahuts scolaires sans pour autant être assimilées aux mouvements révolutionnaires estudiantins qu'elles rejoindront parfois, notamment en 1832 et 1848. Le statut des agitations lycéennes modernes est d'ailleurs proche de ce tableau. Au XIXe siècle, les lycéens sont avant tout des fils de la bourgeoisie. Les enfants des classes paysanne et ouvrière vont directement de l'école aux champs ou à la fabrique, et sont dès lors promus adultes. Les filles, toutes classes sociales confondues, ne prolongent pas leurs études au-delà de ce qui deviendra à la fin du siècle le brevet élémentaire. À leur puberté, elles acquièrent le statut particulier de filles à marier, bien différent de celui du jeune révolté. Les premiers « adolescents » sont donc, chez nous, d'une certaine manière, ces grands élèves issus de milieux bourgeois qui organisent des mouvements locaux contre le surveillant détesté, protestent contre les rigueurs d'une discipline insupportable, molestent parfois tel ou tel adulte, manifestent leurs sentiments républicains.

Les progrès de l'enseignement secondaire pour les filles, la massification du lycée puis la mixité scolaire devaient contribuer à étendre la notion d'adolescence à toute une classe d'âge traversant la période de la puberté, soit (en moyenne) de douze ans à dix-sept ans. Cette modernité du mot doit-elle amener à considérer comme artificielle la catégorie de l'adolescence, à y voir un concept socialement construit *de novo* et dépourvu de toute consistance ? Je ne le crois pas. C'est là plutôt, à l'inverse, la prise de conscience récente d'un phénomène physique et psychologique essentiel qui ne doit rien à la linguistique ni à la mode. La période de l'adolescence est la seule de la vie où un être conscient assiste à toutes les étapes de la transformation rapide et irréversible de son corps, et en ressent les effets. Nous ne sommes en effet pas vraiment spectateurs de l'intégralité des deux autres périodes fondamentales, la naissance et la mort, la grossesse est temporaire et le vieillissement lentement progressif. Le vécu de la mort s'achève brutalement avec la vie, alors que l'on observe les changements physiques et psychiques de son être pendant et après la puberté. Or cette dernière s'apparente à un cataclysme qui affecte le corps et l'esprit. L'enfant s'y attend, pour avoir observé ces changements chez les grands. Souvent, dans les fratries, les frères et les sœurs aînés ont permis aux petits de suivre en détail la progression de ce phénomène étrange, vaguement inquiétant. Il n'empêche, la première émission séminale, les premières règles restent des événements considérables. Et s'il n'y avait que cela ! La psyché se transforme, elle aussi, assaillie par les premiers émois à connotation sexuelle explicite et directe (ce qui n'est pas nier, bien entendu, l'antériorité des schémas enfantins de dualisme sexuel décrits par la psychanalyse).

Les pulsions changent de nature et d'intensité, les adolescents réagissent aux modifications de leur corps par le développement de la pudeur, un peu comme Adam et Ève masquant leurs organes génitaux d'une feuille de vigne après avoir goûté au fruit de l'arbre de vérité, honteux de leur nudité. C'est que l'autre est sexué, y compris papa et maman, surtout eux, c'est là au sens propre du terme un désenchantement, la dissipation de la vision pure et féerique de la famille. Ces autres au regard desquels on dérobe désormais sa nudité considèrent eux aussi les garçons et les filles pubères de manière différente, leurs yeux renvoient aux adolescents ce qu'ils voient et ressentent par eux-mêmes, ils sont des objets et des sujets sexuels à l'orée de leur maturité reproductive. C'est l'esprit qui appréhende le monde que les yeux observent et que l'ouïe ausculte. L'ouragan psychique de la puberté et la transformation de l'image de soi, celle que constate l'adolescent aussi bien que celle qu'il perçoit dans le regard d'autrui, bouleversent en profondeur la sensibilité et les références ; par conséquent, la perception et les émotions. Le spectacle que contemplent désormais les jeunes, les analyses qu'ils en déduisent et les réactions que cela engendre en sont renouvelés, leur comportement aussi. La dépendance d'antan vis-à-vis du cocon familial apparaît souvent en décalage avec la jeune vigueur apparue qui fait palpiter les tempes, s'humidifier les paumes et les aisselles, avec les désirs qui se bousculent. C'est pour beaucoup le temps des expériences, de l'exploration des interdits, de l'établissement de nouvelles connivences, de la formation des bandes. C'est la période charnière où s'installent maintes toxicomanies, consommation de cigarettes, d'alcool, de cannabis et d'autres drogues parfois. Les empreintes mentales de cette phase tempétueuse persistent toute la vie, voire, fort heureusement dans un petit nombre de cas, conduisent à son interruption. Avec la période qui la suit immédiatement, celle des jeunes adultes, l'adolescence paie en effet un lourd tribut au suicide. La vision neuve du monde et des gens qu'a l'adolescent peut se trouver en total décalage avec ce dont il avait rêvé, avec l'image mentale de la société idéale dans laquelle il aspirait à vivre, qu'il avait élaborée. C'est aussi le temps des premières amours, parfois envahissantes, totalitaires. Roméo et Juliette étaient, selon les critères modernes, des adolescents. La vie l'un sans l'autre leur semble impensable, sans expérience ils ne l'ont jamais pensée. L'abîme perçu entre un avenir dans l'impitoyable réel et l'absolu des aspirations impétueuses conduit chaque année dans un pays comme la France plusieurs milliers de jeunes filles et de jeunes hommes à se suicider. C'est, à cet âge, la cause principale de mortalité.

Eka, affectée d'un lourd retard mental, vit sa puberté dans l'institution religieuse de Banjarmasin qui l'accueille. Elle doit en ressentir les manifestations psychiques, en connaître les pulsions sexuelles engendrées par un désir peu socialisé qui n'est pas étranger au viol dont elle est victime. En revanche, les autres ébranlements psychiques de l'adolescence interviennent chez elle dans le cadre d'un univers mental resté rudimentaire et ne peuvent probablement pas aboutir au formidable élargissement des frontières qui transforme en général les jeunes humains de cet âge. Sa sœur, en revanche, n'est en rien entravée pour trouver dans cette période de sa jeune vie un surcroît d'énergie et d'ambition qui l'aidera à assumer et à faire prospérer ses prodigieuses capacités. Heureuse dans sa famille recomposée, elle vit une adolescence paisible qui la voit assurer sa position de maman *bis* avec ses frères et sa nouvelle sœur. Sans doute connaît-elle les émois de cet âge, peut-être débouchent-ils sur des attachements particuliers, je n'en connais rien. En tout cas, elle puise dans cette maturité maîtrisée des ressources nouvelles qu'elle saura mobiliser pour conduire sa vie et faire s'épanouir ses dons.

BÂTIR

Aimer, oser vouloir : savoirs et liberté

Dewi est une écolière et sera une étudiante brillante. L'éventail de ses choix possibles s'élargit très rapidement. Il se peut que le souvenir d'Ahmad, son père, l'exemple de son beau-père Hasan et l'influence de Purwanti qui fut infirmière déterminent en partie l'intérêt de la jeune fille pour les sciences de la vie. Elle a les moyens intellectuels de s'y engager, puis de préciser elle-même sa voie, celle des processus de régénération appliqués au système nerveux. Aucun choix ne repose jamais sur le vide, il en existe toujours des causes facilitatrices : influence familiale, lueur allumée dans le regard puis dans l'esprit d'un jeune par un maître brillant et habile, événement de la vie personnelle, etc. Cependant, il ne s'agit pas là d'un déterminisme rigide, juste de l'environnement culturel et mental dans lequel s'exerce une personnalité. Cette latitude de comportements conférée par la maîtrise de savoirs et de compétences permettra toujours à notre jeune scientifique de conduire son parcours elle-même, bien sûr en fonction des circonstances mais en leur apportant une réponse qui lui est propre. Cela se manifestera d'abord dans sa vie professionnelle mais s'étendra aussi à maints épisodes de sa vie personnelle, dont je connais si peu de détails. Dewi a acquis les éléments clés de son indépendance : aptitude à prendre une certaine distance avec ses premières réactions instinctives, capacité d'analyse, diversité des références mémorisées, autonomie financière. Ses savoirs sont adaptés aux conditions et à l'univers social dans lesquels elle évolue et évoluera, ceux de la deuxième moitié du XXe et du début du XXIe siècle dans une famille cultivée d'un pays émergent, puis confrontée à une éminente communauté scientifique. Imaginons que, comme sa sœur Eka, elle ait grandi dans la forêt équatoriale de Bornéo mais sans aucune perspective de la quitter et au sein d'une famille autochtone humaine qui n'aurait pas eu accès à l'école. Nul doute qu'elle se serait alors néanmoins formée à l'observation attentive de son environnement, à son interprétation en fonction des dangers encourus et de la satisfaction de ses besoins, et qu'elle aurait pu développer dans ce contexte un espace autonome de pensée et d'action, c'est-à-dire d'élaboration de projets et la capacité de les mettre en œuvre. Je ne fais en disant cela aucun pari sur la nature de la liberté et l'authenticité du libre arbitre, j'avance seulement que Dewi serait capable, au sein d'une famille indigène vivant recluse dans les bois aussi bien qu'à Djakarta, Amsterdam et Philadelphie, de structurer des représentations mentales en une vision d'un avenir la mettant en scène, et de la sorte de se poser la question de ses choix. Transposée au sein d'une société technicisée, elle serait d'abord bien entendu handicapée mais posséderait l'aptitude cognitive nécessaire pour s'y adapter et surmonter, au moins en partie, ce handicap.

Eka aussi a appris dans sa famille adoptive de primates non humains à percevoir le danger, à trouver à se nourrir et à étancher sa soif. Cependant, même si nous ne pouvons connaître la nature de son univers mental, l'existence et l'étendue de sa pensée abstraite et symbolique, nous savons que la complexité et la plasticité des circuits neuronaux qu'elle est susceptible de mobiliser à leur profit sont sévèrement limités. Les processus d'apprentissage par inhibition des biais cognitifs, en particulier, ont pu opérer sous l'effet de l'expérience des confrontations avec l'environnement, de la succession d'essais suivis de l'observation des résultats, de l'imitation de la mère adoptive orang-outan et des autres membres du groupe ; ces apprentissages sont cependant inopérants dans le champ de la pensée conceptuelle. La fillette manifeste sans doute, comme tous les animaux humains et non humains, une certaine « fantaisie », dont j'ai évoqué l'existence dans mon ouvrage *L'Homme, ce roseau pensant*[1], mais peine à faire face à des circonstances nouvelles et à y inscrire un projet adapté. Ses « degrés de liberté » sont de la sorte très inférieurs à ceux de sa sœur ou de tout autre enfant inséré dans un groupe humain, dans la jungle ou en ville. Dans ces deux situations extrêmes comme dans toutes les autres, les compétences et les connaissances acquises grâce à l'éducation ainsi que la plasticité mentale et comportementale qui s'est accrue en parallèle permettent aux humains de soulever au moins la question de la liberté. Encore convient-il que nos semblables, les jeunes en particulier, osent l'exercer.

Je suis souvent surpris et marri du caractère étriqué des aspirations de beaucoup de nos jeunes et de leurs aînés, de la pauvreté apparente de leurs rêves. C'est que le monde moderne est intimidant. Pour beaucoup, les sciences apparaissent avoir démontré que la vie humaine est soumise à un ensemble de lois de

---

1. A. Kahn, *L'Homme, ce roseau pensant. Essai sur les racines de la nature humaine*, NiL, 2007.

mieux en mieux connues et qui laissent peu de latitude à l'intervention de la volonté libre : les déterminismes génétiques, sociaux et économiques contrôleraient pour l'essentiel l'avenir de chaque être, qui serait en quelque sorte déjà écrit[1]. À quoi bon, alors, vouloir se tracer une voie propre qui s'écarterait de celle prétracée par les déterminismes auxquels nous serions soumis ? Si l'on assimile tout projet original, tout engagement passionné à un volontarisme stérile, à une vaine agitation, alors mieux vaut se replier sur le spectre étroit de ce qui apparaît, d'ailleurs de façon en partie illusoire, concédé à l'initiative individuelle : conquérir les moyens de consommer des biens et des plaisirs dans le but d'en jouir, échouer dans cette quête et être de la sorte incité à persévérer. Eka, l'enfant sauvage, n'a sans doute pas la capacité de vouloir. La plupart de ceux qui ont eu une enfance plus ordinaire le pourraient bien mais trop souvent ne l'osent pas. Dewi, elle, le peut et l'ose : bien sûr aidée par sa famille, elle se façonne un destin bien différent de celui qu'il aurait été sans son engagement, celui d'une petite fille musulmane née dans une province éloignée de l'Indonésie. Elle a osé vouloir, c'est-à-dire se sentir libre, et en avait la capacité. Elle aurait sinon pu échouer mais, si elle s'était sentie ligotée par des déterminismes rendant illusoire une telle ambition, la conséquence mécanique en eût été la même que celle de l'échec, la satisfaction du combat mené et l'attachement à la liberté qu'il a manifesté en moins. On me demande depuis des décennies de rencontrer des lycéens, de parrainer des promotions d'élèves des

---

1. A. Jacquard et A. Kahn, *L'avenir n'est pas écrit*, Bayard, 2001.

universités, des classes préparatoires et des grandes écoles. Partant du principe que ces jeunes ont eu accès aux savoirs, qu'ils ont conquis ainsi des moyens essentiels à une pensée et à une action libres, je crains cependant qu'ils n'hésitent à les utiliser vraiment. Aussi, mon message se termine-t-il toujours par l'injonction : « Osez vouloir, à cette condition, et à cette condition seulement, vous pourrez peut-être ! »

Encore convient-il qu'ils aiment oser, qu'ils aiment vouloir. Or, s'ils peuvent en être dissuadés par la certitude de l'inutilité de la volonté devant un destin déjà écrit et qui leur échappe, ils le peuvent aussi très tôt dans leur vie par manque de confiance en eux, par conviction de leur infériorité et de l'impuissance qui en découle. Une telle auto-inhibition s'observe à tout âge, au collège, au lycée et à l'université, mais est évidemment plus rare chez des jeunes engagés dans des filières prestigieuses et qui ont pu déjà se rassurer en surmontant les épreuves rencontrées pour y accéder. C'est en fait surtout là l'un des obstacles majeurs rencontrés par les enseignants dans les petites classes, dès le cycle primaire où l'essentiel de l'avenir scolaire et universitaire se joue. En effet, les différences de familiarité a priori avec les codes de l'école sont alors maximales. Les enfants issus de familles en grande insécurité économique et culturelle ont pour s'intégrer aux classes et apprendre à consentir de bien plus grands efforts que ceux dont les parents appartiennent à des groupes plus favorisés et cultivés. Pensons, puisque j'ai pris cet exemple, aux facilités manifestées d'emblée par Dewi et aux difficultés rencontrées par un petit camarade dont les parents non scolarisés auraient toujours vécu au cœur de la forêt de la province du Kalimantan du Sud. Il s'ensuit le risque d'échecs initiaux à répétition dans un système qui s'obstine trop souvent à noter et classer avant même que d'être parvenu à donner aux petits élèves le goût du savoir et des efforts qui permettent de l'acquérir. Beaucoup d'entre eux se persuadent alors bien vite que tout cela n'est pas fait pour eux, qu'il ne vaut pas la peine d'essayer puisque l'échec est certain, ils décrochent. Là réside en particulier le drame du modèle pédagogique auquel s'agrippent encore tant d'enseignants et de parents de France. Le rôle principal des maîtres du primaire devrait être d'accueillir tous les enfants tels qu'ils sont, dans une diversité que les processus migratoires en pleine expansion font exploser, de s'efforcer d'abord de leur faire aimer l'école, aimer apprendre, les rassurer sur leur capacité à progresser, un peu comme un bon moniteur de natation ou d'équitation commence par familiariser ses élèves avec l'eau ou le cheval, à leur faire apprécier l'élément liquide ou la bête bien avant de penser à les mettre en compétition après les avoir de force jetés à l'eau ou juchés sur le dos d'un équidé qui les terrorise. La compétition viendra, bien entendu, le monde auquel tout enseignant se doit de préparer les jeunes – hélas, peut-être – l'exige. Cependant, ce n'est qu'en aimant une activité qu'on y excelle. Apprendre à aimer oser, puis à oser vouloir construire une existence authentiquement libre en mobilisant pour ce faire aptitudes, compétences et connaissances acquises, ainsi peut-on résumer, dans l'ordre, les missions de l'enseignement au profit de l'épanouissement plein de chacun.

La famille et le lignage

L'adolescence, nous venons de le voir, constitue en général une phase d'accélération et de perturbation impétueuse du phénomène d'individuation progressive qui débute à la naissance. L'adolescent distend souvent les liens familiaux et y substitue en proportions variables l'adhésion à des groupes au sein desquels se développent une culture, un langage et des comportements propres à cette tranche d'âge, aujourd'hui amplifiés grâce au phénomène de mondialisation et aux nouveaux procédés d'information et de communication (vidéo par Internet, courriel et texto...). Bien entendu, les groupes d'adolescents se différencient néanmoins par la classe sociale dont ils sont issus (ce ne sont pas les mêmes dans les bidonvilles de Djakarta ou à Aulnay-sous-Bois, commune socialement défavorisée de Seine-Saint-Denis, dans une villa près de Kumai et à Bogor au sein d'une famille de médecins ou à Neuilly-sur-Seine, haut lieu de la bourgeoisie fortunée dans les Hauts-de-Seine), par leur composition ethnique et par des phénomènes de microcultures de quartier. Cependant, le temps de l'agrégation presque exclusive aux communautés d'adolescents est une phase transitoire, parfois suivie, il est vrai, par la constitution d'autres types de groupes et de bandes. Même dans ce cas, on assiste en général à la reconstitution des solidarités familiales antérieures, avant l'émergence éventuelle des relations de couple. Se rétablit de la sorte bien vite, dans une majorité de situations, un fil générationnel : l'enfant de telle mère et de tel père s'apprête à procréer à son tour, l'homme et la femme en couple s'offrent mutuellement ce nouveau venu, ils le présentent à leurs parents comme leur petite-fille ou leur petit-fils, et ceux-ci assumeront ce rôle grand-parental le plus souvent avec émotion, papi et mamie étant des personnages importants pour les jeunes enfants. Dewi se sait la fille d'Ahmad et de Purwanti, la disparition du père n'a en rien interrompu cette continuité généalogique qui remonte aux aïeux, que je n'ai pas évoqués.

Ce tableau idyllique n'est certes pas systématique, et nombre de nos contemporains sont et se vivent comme déracinés, les liens avec la famille ayant été rompus dans diverses circonstances (conflits familiaux, émigration, adoption, problèmes économiques ou psychiatriques, etc.). Les répercussions de ces déchirements dépendent beaucoup de la possibilité qu'ont les déracinés de s'inscrire dans un lignage, de se savoir fils et fille de. La situation d'Eka se situe même au-delà de ce cadre ; elle est attachée à sa nourrice et mère de substitution, en est imprégnée, mais son esprit n'a pu acquérir les moyens de penser la question de ses racines. Pour les autres humains, la conviction concernant leurs origines pourrait en fait importer plus que leur réalité et « savoir » être remplacé sans dommage par « croire », à la condition qu'un doute à ce sujet ne se soit pas insinué dans leurs pensées. La fréquence moderne des familles recomposées, dont celle de Dewi, et l'éventail des moyens d'assistance médicale à la procréation bouleversent souvent la donne sans être en contradiction avec ce qui précède : la capacité des enfants à s'adapter à des filiations multiples est en général remarquable, elle outrepasse, je crois, celle des adultes. Il y a les parents dont on est la fille ou le fils, et puis la nouvelle compagne ou le nouveau compagnon du père ou de la mère. Parfois coexistent un père biologique et un père légal, celui qui a transmis les gènes et celui qui a voulu cet enfant et a investi en lui sa responsabilité et son amour sans avoir eu la possibilité de procréer. Le roman familial se révèle quelquefois passablement embrouillé, il existe pourtant. En revanche, la détresse individuelle est possible pour qui est né sous X et souffre à la fois de ne pas connaître sa mère et de se dire qu'elle n'a pas pu ou pas su l'aimer – ou bien pour un jeune qui apprend tardivement que ce père chéri comme tel n'est au sens biologique du terme pas le sien, qu'il existe quelque part un géniteur anonyme, donneur de sperme ou relation amoureuse ancienne de la mère. Dans ce dernier cas, s'il veut accéder à la vérité de ses origines, sa maman peut l'en informer. Le cas échéant un lien pourra être établi avec l'accord du géniteur. Quelles que soient sa nature et sa robustesse, il replace au moins le descendant dans un lignage dont il reste libre de se détourner ensuite pour préserver la relation affective avec le père de famille. Peu importe, sa quête aura été fructueuse.

Chacune de ces questions est aujourd'hui au centre de vifs débats éthiques dans le monde entier. Je les ai abordées en détail dans des ouvrages précédents, en particulier *Un type bien ne fait pas ça*[1], ce n'est pas ici le lieu d'y revenir. En revanche, il convient de noter que l'importance psychologique du lien générationnel pour la structuration de la personnalité et

---

1. A. Kahn, *Un type bien ne fait pas ça. Morale éthique et itinéraire personnel*, NiL, 2010.

l'épanouissement de nos semblables est une innovation propre à notre espèce. Chez les animaux non humains, l'attachement de la mère, plus rarement du père, pour ses rejetons lorsqu'ils sont jeunes relève avant tout des soins et de la protection indispensables à leur survie. Ce type de relation constitue à l'origine un caractère inné favorable à l'espèce et a, comme tel, été retenu par l'évolution. Cependant, il prend chez nous une tout autre dimension et a sans doute déjà commencé de se transformer chez nos ancêtres primates humanoïdes, dont descend la femelle orang-outan qui a adopté Eka comme une fille de substitution. Sinon, une fois la survie des petits à peu près assurée, l'intérêt pour les parents du lien générationnel s'atténue plus ou moins rapidement. Il est néanmoins beaucoup plus durable chez les grands singes, dont les femelles allaitent leurs petits pendant plusieurs années, que chez d'autres mammifères ; il peut se prolonger chez eux jusqu'à la période prépubertaire. Les groupes familiaux se font et se défont ensuite, et des affrontements meurtriers peuvent opposer des groupes d'origines familiales partagées. Le jeune animal adulte rompt le lien parental, un peu comme l'adolescent le distend, mais ne le rétablira jamais. Je ne saurais formuler d'hypothèse sur ce qu'il en eût été pour Eka et sa famille adoptive si leur histoire avait été différente.

Aucun animal n'est capable de développer la même capacité que les êtres humains à se projeter dans le futur, et à le relier au présent et au passé. Sans être absolument le propre de l'homme, puisqu'on en détecte de probables signes élémentaires chez certains oiseaux de la famille des corvidés, et peut-être chez les primates humanoïdes, cette aptitude prend une place prépondérante dans la vie psychique de nos semblables ; son probable déficit chez Eka est un élément déterminant de son retard de développement cognitif. Une personne se sait fils ou fille de, et est à même d'engendrer – peut-être – des enfants dans une continuité généalogique. Cette évidence fonde la fameuse interrogation organisatrice du psychisme humain : « D'où viens-je ? Qui suis-je ? Où vais-je ? » L'origine de cette triple interrogation est obscure. Peut-être dérive-t-elle d'une lettre de Frédéric II à Jean-Jacques Rousseau (« *Unde ? Ubi ? Quo ?* »), mais elle possède probablement des racines bien plus anciennes tant ces questions se posent avec évidence à tout être humain. L'évolution nous a dotés de capacités cognitives qui nous incitent à vouloir connaître les énigmes de la nature, à commencer par la nôtre[1]. Or rien n'est plus frustrant que de se savoir incapable de proposer la moindre réponse à des questions aussi fondamentales. Les réponses apportées dépendent des cultures, des moyens et des savoirs disponibles. Elles ont souvent commencé par être de l'ordre de la magie et du symbole, puis de la religion, avant que l'homme ne s'approprie la rationalité, philosophique et scientifique, sans pour autant abandonner les références symboliques et religieuses. Concernant la nature humaine, *Homo sapiens* a conscience d'exister mais peu d'éléments pour savoir qui il est. Les seuls indices à sa disposition sont d'ordre généalogique, car sans doute observe-t-il depuis la nuit des temps la succession générationnelle et certaines

---

1. A. Kahn, *L'Homme, ce roseau pensant…, op. cit.*

de ses manifestations sur l'apparence et les caractéristiques des descendants. L'origine – De qui suis-je le fils ou la fille ? – est pour l'homme la première approche disponible pour déterminer qui il est, et représente donc un pilier essentiel de la construction de soi. Quant à sa projection dans le futur – Où vais-je ? –, elle implique déjà d'avoir une idée de ce que l'on est et d'où l'on vient, ce qui rend d'autant plus irremplaçable son inscription dans une histoire familiale, authentique ou non sur le plan biologique, parfois fantasmée.

Parmi les nouvelles techniques maîtrisées ou imaginées d'assistance médicale à la procréation et de reproduction, il en est une qui a défrayé la chronique : le clonage reproductif humain. Rappelons qu'il s'agirait de créer des embryons *in vitro* en remplaçant le noyau (et donc tous les gènes) d'un ovule par celui d'une cellule quelconque de la personne à cloner. L'approche a déjà abouti à la naissance de plusieurs milliers d'animaux appartenant à une douzaine au moins d'espèces de mammifères. En revanche, aucun primate n'a pu être cloné à ce jour. Les clones sont pour l'essentiel similaires aux vrais jumeaux à cette considérable différence près qu'un adulte de trente ans et son clone nouveau-né auraient... trente ans de différence. Je ne discuterai pas les questions scientifiques et éthiques liées au clonage, abordées par ailleurs (elles sont reprises, actualisées et résumées dans *Un type bien ne fait pas ça*, déjà cité). La référence au clonage se justifie ici par le bouleversement généalogique qu'il induirait. En effet, si un homme marié stérile faisait un jour appel à cette technique pour se reproduire malgré tout, son fils cloné serait en fait, sur le plan biologique, son frère, dont le grand-père (le père de l'homme) serait aussi le père. On connaît dans certaines familles des perturbations semblables de l'enchaînement des générations, conséquences de l'inceste entre un père et sa fille (hélas non exceptionnel). Ici, la mère est la sœur de l'enfant incestueux, qui a pour grand-père le père de sa sœur. Nul doute que, lorsqu'elles sont connues, de telles situations constituent pour les personnes concernées de formidables obstacles à l'édification de soi sur des fondements stabilisés. Peut-être une telle observation est-elle prémonitoire, car l'ingéniosité et l'imagination des biologistes de la reproduction sont stupéfiantes. Demain, les circonstances dans lesquelles naîtront des enfants en discontinuité générationnelle se multiplieront sans doute. Le métier de psychologue a de l'avenir !

Certes, une des caractéristiques d'*Homo sapiens* est de ne pas rester « enraciné » au sens végétal du terme. Il y a un million huit cent mille ans déjà, *Homo erectus*, son prédécesseur, a commencé de conquérir la surface du globe. Le territoire potentiel de l'homme est la terre, demain l'univers, alors que celui du chêne est limité à la surface couverte par ses racines ligneuses et celui des orangs-outans à quelques acres autour de leurs nids. Peut-être la pulsion humaine à la délocalisation dans l'espace rend-elle encore plus nécessaire la ressource d'un rattachement symbolique ou réel à une histoire *via* le fil d'un lignage. Dewi en est une illustration : scientifique du monde mais fille de Purwanti et d'Ahmad, jamais ne se sont dissipés en elle les souvenirs du fleuve Kumai et de la profonde forêt au sein de laquelle il s'écoule et où s'est déroulée sa prime enfance. C'est d'ailleurs là une source de sérénité et d'assurance dans laquelle elle a puisé et puisera pour devenir la star planétaire des sciences que nous savons. Sa sœur ne dispose de rien de tout cela.

La famille, les enfants, les gènes et le cœur

La fréquente reconstitution des familles, l'adoption et l'assistance médicale à la reproduction pour stérilité avec utilisation de gamètes étrangers multiplient, nous venons de le signaler, les circonstances de dissociation entre les deux facettes de la filiation humaine, par le sang, c'est-à-dire les gènes, et par le cœur, c'est-à-dire l'amour et la culture. Dewi et Eka, dans des schémas très différents, en sont des illustrations. Il ne saurait bien entendu être question d'opposer ces deux facettes d'une même réalité classique, celle où une femme et un homme ont ensemble des enfants qu'ils s'apprêtent à élever et aimer, qu'ils aiment en effet. En revanche, même si les enfants de substitution se rencontrent hors de l'espèce humaine – Eka et sa famille d'orangs-outans mettent en scène ce scénario –, c'est bien entendu chez nous que la dissociation est la plus fréquente entre les liens du sang et ceux du cœur. C'est que l'importance du psychisme humain accroît presque à l'infini la capacité d'investissement affectif dans les seconds même en l'absence des premiers, investissement des adultes vis-à-vis des enfants et plus encore l'inverse. Le désir d'être parent(s) n'est pas annihilé lorsque la biologie ou une affection s'opposent à la procréation, il est celui de consacrer une partie de sa vie à un autre que l'on élèvera, c'est-à-dire à l'épanouissement physique et intellectuel duquel on se dévouera, auquel on s'attachera et qui vous aimera. Au sein d'un couple, c'est aussi le souhait d'apporter à ce dernier une substance, une finalité, une consistance nouvelle, celle d'une collaboration, chacun avec sa personnalité, à la réalisation d'un dessein parental conçu de concert.

Une vie épanouie n'implique pas de façon impérative d'être parent, j'y reviendrai, à la condition, cependant, de n'en pas ressentir le désir, le besoin, et de ne pas vivre dans la frustration l'impossibilité d'y donner suite, et aussi que ce ne soit pas là une manifestation d'égotisme radical et d'une incapacité à aimer et à transmettre. En revanche, elle requiert absolument d'avoir eu des « parents », c'est-à-dire d'avoir été élevé par des adultes vus et aimés comme tels et avec lesquels se sont établis des liens aussi étroits et évolutifs que ceux qui se développent dans une famille classique, pour une large part de façon indépendante des liens génétiques. J'ai évoqué déjà mon amour inconditionnel pour ma « nourrice », amour qu'elle semblait me rendre sans réserve aucune. La dépendance des petits vis-à-vis d'une présence au moins maternelle n'est pas propre à notre espèce, elle se rencontre aussi dans le monde animal non humain où, par exemple, des éléphanteaux dont la mère a été abattue par des braconniers présentent souvent des troubles du comportement qui les transforment en dangers redoutables pour les villageois, dont ils dévastent les cultures et les habitations. Chez nos semblables, l'altérité initiale au sein de la famille nucléaire est l'incubateur au sein duquel s'opèrent les transformations complexes qui vont aboutir au façonnement d'un esprit humain, raison pour laquelle Dewi et Eka sont si différentes l'une de l'autre. J'utilise le terme d'« altérité familiale » pour rappeler qu'elle est le cadre où se déroulent les premières étapes de l'individuation déjà évoquée, où se construisent les premières images de l'autre, mère, père, fratrie. D'abord étroitement dépendants d'elles, les enfants s'en distingueront peu à peu, et il revient au parent de faciliter et de guider une telle distanciation. Les deux écueils guettant ce processus sont bien connus : les parents abusifs et les parents indifférents, dénoncés les uns et les autres par les jeunes, parfois successivement tant le chemin de crête entre les deux est étroit et malaisé. Un jeune dont les capacités cognitives se développent au sein d'un tissu familial favorable a autant besoin d'une latitude croissante laissée aux initiatives suscitées et autorisées par les progrès de son entendement que de disposer pour les juger et les mettre en œuvre de références solides, d'être éclairé par la lanterne de qui a plus de connaissances et d'expérience que lui, des maîtres qui sont d'abord les personnes assumant le rôle de *mère* et de *père*. Prendre soin de petits êtres qu'on a la responsabilité, selon les cas, d'avoir fait naître ou d'avoir introduit dans le cercle familial, faire de leur bien-être affectif l'une des priorités de sa vie, s'engager à leur apporter la nourriture intellectuelle que réclame avidement un esprit en développement rapide, tels sont les critères qui fondent la parentalité, sans préjudice des liens du sang et, sans doute, du genre et du sexe. En ce sens, j'appelle famille, en tant qu'elle m'apparaît propice à l'épanouissement des enfants, le groupe formé de deux adultes (parfois hélas un seul), qui les aiment et les regardent comme les leurs, et un ou plusieurs enfants attachés à ces adultes (parfois un seul), dans lesquels ils voient leurs parents et les appellent, selon les circonstances, maman et papa, maman et maman, papa et papa.

Tôt ou tard vient le moment où les effets de la responsabilité matérielle et intellectuelle des parents envers les enfants et la dépendance de ces derniers se distendent au point où ils se regardent les uns les autres en tant que personnes certes liées par une longue complicité, des souvenirs innombrables et, en principe, un amour partagé, sinon des « autres » qu'il devient difficile de considérer sans référence à tous ceux qui n'appartiennent pas à la famille. C'est la période critique de la refondation, au moins de l'enrichissement du lien sur d'autres fondements que ceux de l'évidence créée par la relation familiale. Elle est certes ma mère, ma fille, il est certes mon père, mon fils, cela ne peut être insignifiant, jamais elle ou il ne me sera indifférent ; pour autant, en tant que femme, en tant qu'homme, qu'*alter ego*, quelle impression me fait-il ? M'intéresse-t-il pour d'autres raisons que nos liens de parenté ? Le préjugé est favorable, ces personnes ne me sont et ne me seront à l'évidence jamais étrangères. Pourtant, l'issue de cette refondation ne va pas de soi. Dewi, Purwanti et Hasan ne rencontrent aucune difficulté à surmonter l'épreuve, amour, complicité et admiration sont ancrés dans les relations de cette famille-là. La question ne saurait se poser pour Eka et sa famille d'adoption. Les conditions de l'existence, notamment au sein du monde moderne à l'heure des migrations, des déracinements, des inégalités qui progressent, des tensions et de la violence qu'elles engendrent sont destructrices pour les liens familiaux. Le regard des jeunes risque de devenir critique, voire franchement négatif, sur un père – lorsqu'il est connu – qui ne travaille pas depuis des années, s'adonne le cas échéant à des addictions ; désespéré sur une mère écrasée de labeur, peu disponible, occupée à des tâches appréhendées par ses enfants comme subalternes et ingrates. À l'inverse, le jugement parental peut osciller entre la désolation, le sentiment d'impuissance et la réprobation de la violence, des dérives, le cas échéant délictueuses, des phénomènes de bande concernant leurs garçons ou filles. L'attachement et l'affection des parents, maternels toujours, paternels le plus souvent, n'en sont pas pour autant dissipés – une femme abandonne son époux, exceptionnellement son enfant – mais deviennent parfois douloureux, comme accablés. Dans de semblables circonstances, le face-à-face renouvelé entre parents et enfants débouche avec peine sur une authentique estime. Ici, la sérénité que confère le sentiment qu'on est heureux d'avoir eu ces parents-là, qu'on n'en aurait pas voulu d'autres, que cette fille, ce garçon qui sont les siens sont et seront aussi des personnes avec lesquelles le contact sera riche, dont on sent qu'ils apporteront autant qu'on leur a apporté, fait place à un doute ravageur, surtout pour les jeunes qui sont les plus anxieux à s'estimer eux-mêmes en fonction de l'estime qu'on leur porte. J'ai longuement développé dans *L'Homme, ce roseau pensant*[1] les raisons pour lesquelles le regard de l'autre

---

1. A. Kahn, *L'Homme, ce roseau pensant...*, *op. cit.*

constitue le premier miroir, certes déformant mais irremplaçable, dans lequel chacun perçoit d'abord les éléments de l'image de soi à partir desquels il lui revient de s'apprécier et de se construire. C'est ce qui explique combien tous les degrés du mépris et de l'indifférence sont à ce point destructeurs pour l'édification d'une personnalité à laquelle une juste estime de soi peut seule conférer la confiance qui lui permettra d'« oser vouloir ».

Soi-même et les autres, le socle de la pensée morale

Dewi, comme tout être humain, n'a pu en arriver à exprimer toutes ses potentialités que grâce à des échanges permanents avec des semblables, mère, famille, maîtres, amis, la société en général. La dépendance vis-à-vis d'autrui pour devenir soi est absolue. Je comparerais tout nouveau-né de notre espèce à une bûche dont l'incandescence est alimentée par des déterminants biologiques que ses gènes gouvernent à un niveau hiérarchique élevé. Éloignée d'autres bûches dans l'âtre du monde, elle rougeoie mais ne flamboie pas. Il faut pour cela que les bûches s'embrasent les unes les autres. Une telle proximité et la coopération qu'elle permet est la condition non seulement de l'embrasement de l'esprit humain, mais aussi de la poursuite de son feu qui requiert d'être entretenu, qui végète sinon, s'étiole. Une semblable analyse n'est en rien contredite par les exemples de vies solitaires choisies pour des raisons religieuses ou philosophiques par des ermites et autres anachorètes. Leur isolement volontaire, jamais total, est toujours précédé d'une vie sociale dans laquelle ils se sont édifiés, si bien qu'ils emmènent avec eux dans leur retraite les images nombreuses d'expériences humaines dont l'enrichissement par un dialogue intérieur non perturbé peut constituer leur motivation originelle. Selon plusieurs récits, la solitude absolue qui résulte de longues réclusions forcées dans des cachots de prison ou de séjours prolongés sur une île déserte après un naufrage étouffe bien plus le flamboiement de l'esprit.

Cette nécessité de l'autre pour se savoir être soi m'a amené à poser que l'humanité ne peut se concevoir qu'au pluriel, limitée à un seul être de notre espèce elle ne saurait se révéler pleinement humaine. L'un et l'autre, irréductibles l'un à l'autre mais inconcevables l'un sans l'autre, constituent la matrice originelle minimale de cette humanité, ai-je déjà proposé. J'en ai aussi déduit qu'il est de ce fait possible de faire reposer les principes moraux sur une semblable dépendance de l'un à l'autre[1,2]. En effet, l'échange entre les êtres, qui constitue le catalyseur de l'épanouissement des capacités mentales de nos semblables, exige une aptitude à cet échange, une attention à l'autre dont les prémices sont d'ailleurs évidentes chez les autres animaux. Je me suis construit au contact d'autrui, par le regard qu'il jette sur moi, par ses pensées me concernant que je cherche à deviner et à influencer afin de le séduire, de l'impressionner ou de l'apitoyer ; c'est ce que l'on appelle la théorie de l'esprit, capacité de se faire une

---

1. C. Godin et A. Kahn, *L'Homme, le Bien, le Mal. Une morale sans transcendance*, Stock, 2008, Hachette Livre, 2009.
2. A. Kahn, *Un type bien ne fait pas ça...*, *op. cit.*

représentation mentale des pensées de l'autre. Il a constitué la première possibilité qui m'a été donnée de me considérer moi-même, de m'apprécier, et ne saurait de la sorte m'être indifférent. Je le sais dans les mêmes dispositions en ce qui me concerne. Il existe sur ce point entre nous un lien de réciprocité. J'appelle de ce fait « bien » tout ce qui, dans mes idées et actions, témoigne de cette réciprocité, de la valeur de l'autre et en respecte les aspirations essentielles, que je reconnais de même ordre que les miennes propres. Le « mal » est l'inverse, tout ce qui foule au pied la valeur, les projets et les intérêts fondamentaux des autres. Il est aisé, selon cette vision, de retrouver les principes cardinaux de l'éthique : si j'ai acquis la capacité de me vouloir libre, de désirer que l'on me fasse du bien et que l'on évite de me nuire, si je suis capable de ressentir durement l'injustice dont je suis victime, alors l'autre aussi ; ce qui s'énonce à travers les principes classiques d'autonomie, de bienveillance, de non-malveillance et de justice. J'ai avancé aussi que les aspects les plus spécifiques du mal humain sont la conséquence inéluctable des conditions nécessaires au déploiement de la conscience de soi et de la pensée générale dans l'interaction avec autrui, dont elles dépendent absolument, et des aptitudes grâce à cela acquises. Le mépris et même l'indifférence sont dévastateurs pour qui a besoin du regard de l'autre pour bâtir une estime de soi, cela vaut pour les enfants et les adolescents dont l'existence future risque fort de s'en trouver dévastée, mais aussi à tous les âges de la vie. C'est pourquoi dévaloriser autrui revient à l'agresser sauvagement et peut induire chez lui des réactions non seulement de honte, de retrait et de tristesse, mais aussi de colère, voire de fureur. Chacun cherche, nous l'avons dit, à imaginer les pensées des autres, celles qui le concernent mais aussi celles qui touchent à la vision du monde en général, et peut porter un jugement sur elles. Là réside le mécanisme du déchaînement de la violence pour faire face non seulement au péril physique que représente un ennemi, mais aussi et surtout aux menaces que font planer ses opinions et croyances, fondement des massacres religieux et idéologiques. Enfin, le pervers est celui qui éprouve de la jouissance à la détresse physique et psychique de sa victime, ce qu'aucun autre animal qu'*Homo sapiens* ne saurait éprouver. Le sentiment de liberté, sans préjuger de ce qu'elle signifie, est en effet l'un de ceux qu'éveille dans l'esprit l'édification mentale d'un humain au sein d'une société de ses semblables. Ce sentiment implique la pulsion à agir selon ses choix et ses envies, et non seulement en fonction de règles imposées de l'extérieur de sa volonté, l'aspiration à l'autonomie plutôt que la soumission à l'hétéronomie. Or l'action peut être bénéfique ou maléfique pour autrui, un être libre est amené à considérer l'une et l'autre. C'est d'ailleurs ce qui explique que le mal existe : sans liberté, l'action bonne ne serait que l'expression d'un déterminisme biologique ou l'effet d'une sujétion radicale.

Le rappel des processus qui rendent, selon moi, possible l'éclosion d'une pensée morale de portée potentiellement universelle et qui en font dépendre aussi une inéluctable aptitude au mal a des conséquences essentielles pour l'ensemble du dessein éducatif, parmi les siens aussi bien qu'à l'école. En effet, ce dessein revient toujours à s'appuyer sur des potentialités propres à notre espèce afin de faciliter la mise en place chez ses enfants et ses élèves d'un ensemble de compétences et de connaissances qui faciliteront leur plein épanouissement à être au monde en relation avec leur environnement physique et humain, et aussi à inhiber tous les biais et traits susceptibles de s'y opposer. Or la révélation à la conscience de la capacité enfouie à reconnaître l'irréductible valeur de l'autre est bien entendu l'un des éléments clés de toute maïeutique pédagogique, il implique de s'efforcer à inhiber la contrepartie négative de cette capacité, celle au mal, c'est-à-dire à l'action au détriment de l'autre. Dewi a parcouru jeune toutes les étapes d'une initiation à la plénitude d'une existence humaine, les siens l'ont éperdument aimée et elle leur a rendu ce sentiment, la richesse d'autrui et les devoirs qu'elle implique sont pour elle une évidence, elle a révélé ses immenses potentialités intellectuelles, elle a développé le goût du savoir, et cela lui donne une saine confiance en elle que renforcent l'attachement et l'admiration des siens, elle ose vouloir et est prête à écrire son propre avenir, à bâtir sa vie. Tous n'ont pas la même chance, Eka n'en a eu aucune puisque les circonstances de son existence ont été bouleversées par l'incendie dans lequel est mort son père et par son adoption par la femelle orang-outan. Elle n'a pu, dans ces conditions, se construire une personnalité à épanouir, alors qu'elle aurait sans doute connu sans cela un destin différent de – mais parallèle à – celui de cette sœur jumelle dont elle partage, sinon, tous les traits biologiques. Eka doit maintenant nous quitter, elle nous a quittés.

2
Épanouir

L'ami

Dewi est certes convaincue, comme la plupart d'entre nous, qu'aucun être humain n'est insignifiant et qu'il convient de les respecter les uns et les autres, elle n'a pourtant pas avec toutes celles et tous ceux qu'elle côtoie la même relation, certains sont ses collègues, ses amis (ces deux catégories ne sont bien sûr pas exclusives l'une de l'autre), d'autres de simples connaissances. Son cercle d'amis a contribué à son épanouissement et demeurera un facteur essentiel de son bien-être. Comme elle, nous ressentons pour certaines personnes une sympathie qui se transforme plus ou moins rapidement en attirance et en attention. Nous nous sentons bien avec l'ami, son absence nous pèse, le retrouver est une joie. Peu à peu, on lui dit presque tout de soi, il ne nous cache presque rien de lui, si bien que se crée entre nous un univers commun dans lequel nous avons tendance à investir de plus en plus de nos aspirations, de nos craintes, de notre vie en somme. Nous sommes heureux de partager nos succès avec l'ami, il s'en réjouira en surmontant, le cas échéant bien vite, un réflexe de léger dépit et d'envie s'il n'en a pas connu de semblables. Ce qui l'atteint nous touche et nous le savons sensible à nos déceptions, à nos chagrins, à nos instants de désespoir, qui le verront accourir pour nous réconforter. C'est que la sympathie initiale s'est complétée d'une empathie de plus en plus prononcée. Beaucoup de nous étant désormais investi dans cette amitié, nous n'éprouvons aucune difficulté à nous mettre à la place de l'ami, à souffrir et à nous réjouir avec lui, bientôt à éprouver ce qu'il éprouve, nous sentir heureux quand il l'est, anxieux lorsqu'il affronte des échéances redoutables, soulagé et joyeux lorsqu'il a surmonté l'épreuve. Les instants partagés avec l'ami apparaissent plus riches qu'en son absence, nous élaborons ensemble des projets, persuadés de la richesse de ce qu'il y apportera.

J'ai rappelé dans le paragraphe sur l'individuation et les jumeaux, la manière dont Michel de Montaigne évoque, après la mort de celui-ci de la peste en 1563, son amitié pour Étienne de La Boétie, la différenciant de la familiarité et des accointances ordinaires qui se nouent par quelques occasions ou commodités. Il s'agit ici plutôt d'une communion si parfaite qu'on ne distingue plus vraiment la « couture » entre l'un et l'autre. Pour Montaigne, il n'est pas possible d'exprimer la raison de cette union idéale autrement qu'en disant : « Parce que c'était lui, parce que c'était moi. » Montaigne exprime par ces mots combien une telle amitié est devenue consubstantielle à chacun en tant qu'il est lui et que je suis moi, nous ne pouvons plus être définis sans référence à ce lien amical. Pourtant, ce n'est pas là une injonction du magistrat bordelais à s'interdire toute réflexion sur la raison du tissage d'un lien aussi étroit et son rôle dans l'épanouissement de chacun. C'est sans doute que l'amitié reproduit de façon idéale ce couple de l'un et de l'autre dont j'ai fait la matrice élémentaire de l'éclosion de l'humanité, que le lien de réciprocité morale s'y manifeste avec la plus grande vigueur. Chacun dépend de l'autre et se soucie de ses pensées, de son jugement sur soi. Même la critique de l'ami est bienveillante, elle enrichit, elle ne dévalorise ni n'humilie jamais. La chaleur du regard amical réchauffe l'un et l'autre des amis, rassure, encourage, de sorte que le temps qui passe devient bien terne lorsque son soleil disparaît. Parfois, le fardeau de l'existence semble lourd à porter seul, l'ami soulage et on est prêt alors à l'aider à supporter le sien. Nous craignons tous l'indifférence des autres à notre égard, puisque nous puisons les éléments d'une nécessaire estime de soi dans leur considération pour nous. Nous ne sommes jamais indifférents à l'ami. L'altruisme des relations sociales habituelles est bien souvent intéressé, les actes en faveur des autres sont sous-tendus par un espoir de retour ou témoignent d'une position hiérarchique et relèvent alors d'une stratégie de fidélisation de subordonnés ou de « clients ». Même la solidarité gratuite, celle dont on fait preuve envers quelqu'un dans le besoin, la victime d'un accident, n'exclut en général pas une recherche de « récompense émotionnelle » : le bienfaiteur éprouvera de la satisfaction à considérer la bonté qui l'a conduit à agir ainsi et accroîtra de la sorte le sentiment de sa propre valeur. Rien de tel, en principe, de l'altruisme entre amis. Puisque leurs richesses intellectuelles et matérielles se mêlent en partie pour n'en faire plus qu'une, tout ce qui est accompli en faveur de l'ami bénéficiera à l'être fusionnel que nous constituons, même s'il n'est pas en mesure de me payer de retour. De ce fait, l'amitié est l'une des circonstances où s'illustre l'altruisme gratuit dont sont capables les membres de notre espèce.

L'amant

Il va me falloir pour aborder la question de l'amour physique délaisser un moment mon héroïne Dewi, puisqu'elle est si pudique que je ne connais rien de sa vie sentimentale et sexuelle, je peux simplement faire la conjecture qu'elle parvient là aussi à un épanouissement satisfaisant. L'attraction sexuelle des mâles pour les femelles et des femelles pour les mâles est bien entendu loin d'être une spécificité humaine, elle repose sur un ensemble de comportements instinctifs essentiels à la perpétuation des espèces. En revanche, la préférence homosexuelle apparaît plus propre à *Homo sapiens*, quoique des accouplements homosexuels épisodiques et non exclusifs soient observés avec une certaine fréquence dans le monde animal. Les béliers font exception car, chez eux, plus de dix pour cent des mâles rechercheraient l'accouplement avec des moutons de même sexe et négligeraient les femelles, sans que, en l'absence d'éléments sur les raisons et mécanismes de ce comportement, on puisse affirmer qu'il soit un équivalent animal de l'homosexualité humaine. Ce qui caractérise en fait le plus les amours humaines, c'est l'amour lui-même, autrement dit la dimension proprement psychique de la relation au sein d'un couple d'amoureux. C'est d'ailleurs lui que les artistes, qu'ils soient poètes, écrivains, dramaturges, peintres ou sculpteurs, se sont efforcés avant tout de représenter, au moins depuis les temps historiques puisque, auparavant, la sexualité humaine était plutôt évoquée sous l'aspect de la fécondité et non de la tendresse. Les manières dont les artistes en rendent compte illustrent leur vision de ce sentiment qui représente un pan majeur de la vie, des pensées et de la créativité de nos semblables. Que disent ces tableaux, ces sculptures de couples amoureux ? Dans l'immense majorité des cas, ils sont jeunes – la femme à tout le moins –, ils sont beaux. La tendresse se lit d'abord dans l'éclat du regard rendu par le jeu de la palette colorée ou l'imperceptible tension suggérée par l'artiste. Tout le visage témoigne d'une attention intense pour le partenaire, à la fois sereine et heureuse, parfois légèrement inquiète. Sur les toiles, la coloration discrète des joues comme le frémissement évoqué de la peau rendent perceptibles l'émotion et la passion. La ligne des cous, des visages inclinés l'un vers l'autre, les corps sous pression dont l'attraction mutuelle saute aux yeux, les mains qui se frôlent ou les bras qui enlacent, la tête abandonnée sur l'épaule accueillante traduisent ce désir de fusion pour créer un être conjoint procédant de l'un et de l'autre, les transcendant par l'amour. Usant de leurs ressources propres, la poésie et la littérature ajouteront à ces traits de la relation amoureuse ceux du projet partagé, du rêve dessiné de concert, du désir d'éternité, du souci constant de l'être aimé, de l'impression de manque et d'incomplétude en son absence. La séparation est souffrance, l'abandon est déchirement. Ils passent par une phase transitoire – parfois définitive, hélas – de déstructuration de la personnalité, de destruction de l'être même des anciens amants. L'originalité de l'amour humain tient en somme à l'humanisation de l'instinct reproductif, c'est-à-dire la transformation d'un trait adaptatif commun aux animaux en un univers psychique, esthétique, culturel et symbolique qui nous est propre.

Qu'il soit le thème d'une majorité des œuvres de fiction – littérature, théâtre et cinéma confondus –, l'inspiration aussi d'une grande partie des chansons, dit assez son importance au cœur des existences humaines. Dans « La goualante du pauvre Jean », Édith Piaf chante que « sans amour, on n'est rien du tout ». Pour « Les amants d'un jour », dont l'interprétation par la même Piaf reste inoubliable, la vie sans un amour qui puisse s'épanouir au grand jour ne saurait s'envisager.

> Ils sont arrivés
> Se tenant par la main
> L'air émerveillé
> De deux chérubins
> Portant le soleil
> Ils ont demandé
> D'une voix tranquille
> Un toit pour s'aimer
> Au cœur de la ville
> Et je me rappelle
> Qu'ils ont regardé
> D'un air attendri
> La chambre d'hôtel

ÉPANOUIR

Au papier jauni
Et quand j'ai fermé
La porte sur eux
Y avait tant de soleil
Au fond de leurs yeux […]
On les a trouvés
Se tenant par la main
Les yeux refermés
Vers d'autres matins... »

Ces paroles simples, bouleversantes lorsqu'on les entend chantées par la voix belle et puissante de Piaf, expriment la démesure du sentiment amoureux, ce sentiment magnifié par Shakespeare dans *Roméo et Juliette* et dans d'innombrables œuvres. Il peut être un sentiment totalitaire, prenant en otage tous les autres, subvertissant la volonté, définissant une période dans l'existence dont le début est renaissance et le terme parfois la mort. Il peut apparaître comme une impasse, aussi, ce dont témoigne l'épitaphe désespérée du film de Truffaut, *La Femme d'à côté* : « Ni avec toi, ni sans toi », conclut la voix de la confidente, définissant par ces perspectives sans issue, sans espoir, le caractère de contrainte absolue que revêt pour certains la passion amoureuse.

Aborder la figure de l'amant après celle de l'ami, en particulier dans le sens que Montaigne, évoquant La Boétie, donne à ce dernier mot, conduit à se demander si l'amour ne reviendrait pas en définitive à une telle amitié à laquelle s'ajouteraient le désir et le plaisir partagés. Ce n'est pourtant pas si simple, et la définition du sentiment amoureux ne se réduit pas au résultat d'une semblable addition. Il existe bien deux composantes fondamentales dans l'alchimie amoureuse : d'un côté, l'attrait sexuel et la jouissance, de l'autre, la connivence psychique de l'amitié profonde. Cependant, leurs parts respectives varient selon les couples et dans le temps, elles interagissent en permanence l'une sur l'autre, se transforment l'une l'autre pour aboutir à un spectre relationnel évolutif selon les circonstances, la personnalité, l'histoire propre des protagonistes et le déroulement de celle du couple. L'esprit humain façonné par l'éducation et l'expérience est un entrelacs inextricable de souvenirs, de désirs, de pulsions, d'émotions, d'aptitudes conscientes ou inconscientes, de raisonnements, le tout conduisant à des comportements et actions innombrables et distincts. Cependant, l'intensité d'une passion peut subvertir l'ensemble de cet édifice psychique, un peu comme un foyer épileptique déclenche souvent une crise majeure qui perturbe le fonctionnement du cerveau entier en annihilant pour un temps ses multiples fonctions particulières. Or le sentiment amoureux est comme scellé entre les deux piliers de la personnalité, l'identité sexuelle et la dépendance étroite de chacun vis-à-vis de l'autre, deux données à l'évidence interconnectées. En effet, l'autre considéré comme objet du désir sexuel est aussi, dans la relation amoureuse, la compagne ou le compagnon éventuel, c'est-à-dire, au sens étymologique du terme, celui ou celle avec qui l'on partage et mange le pain, avec qui l'on vit ou souhaite vivre, cet autre devenu indispensable à l'existence, qui a quitté la sphère d'autrui pour être en tout ou partie assimilé à un être mixte : le couple. Désir et plaisir renforcent le lien amoureux, lequel accroît l'influence réciproque jusqu'à la constitution de l'univers psychique partagé déjà évoqué à propos de l'amitié mais ici transformé par sa dimension sexuelle. La rupture du lien amoureux fusionnel est chaque fois une épreuve douloureuse dont, dans les cas extrêmes, la mort peut devenir la seule issue. Heureusement, le plus souvent moins dramatique, elle laisse néanmoins toujours une empreinte profonde et indélébile dans l'esprit des partenaires séparés, dont la vie psychique est comme martelée par les amours vécues.

Si, malgré le désarroi et la douleur provoqués par sa dissociation, l'être hybride, plus ou moins fusionnel, qu'est le couple amoureux constitue un idéal pour la plupart des humains, c'est bien sûr qu'il est d'abord un domaine de l'existence où s'assouvissent des désirs ressentis par tous, se vivent des plaisirs recherchés avec anxiété et peut se poursuivre l'idéal d'une altérité amoureuse et familiale désintéressée et parfaite, la plus propice à la satisfaction et à l'épanouissement de tous. Seule la puissance de ces aspirations et de ces motivations peut expliquer qu'aucun des dangers et drames de l'amour – que les mythes, légendes et œuvres de tout genre ont illustré de tout temps –, dont des traces nombreuses persistent dans chaque famille, n'a jamais empêché quiconque, à de très rares exceptions près, de l'espérer éperdument, dans sa forme sexualisée habituelle ou transcendée dans un engagement religieux. L'impuissance à assouvir une aspiration, à satisfaire des désirs engendre une frustration, le cas échéant intolérable, chez tous ceux qui les ressentent, c'est-à-dire l'immense majorité des femmes et des hommes. Cette frustration ne peut être surmontée, ou plutôt souvent masquée, refoulée, que par un travail psychique qui lui donne sens ou la nie. L'efficacité du déni est cependant bien relative, son insuffisance remplit les cabinets des psychiatres, psychologues et psychanalystes. Revenons à Dewi, notre étoile. Elle nous apparaît si assurée, si rayonnante, si équilibrée, qu'on peut faire l'hypothèse que, à moins d'une inappétence prononcée à son propos, elle a connu et connaît l'amour, qu'elle y a puisé beaucoup de ce qu'elle en espérait, qu'elle saura surmonter ses déceptions.

Maternité

Dewi n'a pas d'enfants, pas encore peut-être. Âgée de moins de trente ans à la fin de son séjour post-doctoral à Princeton, elle a investi l'essentiel de son énergie dans sa recherche brillante et sa mise en orbite élevée autour de l'astre éclatant des sciences. Elle agit de la sorte comme la majorité des femmes de son temps, chez lesquelles la première maternité survient maintenant autour de la trentaine. Je ne sais ce qu'elle décidera plus tard, si elle formera un couple aspirant à fonder une famille ou non. Dans le monde de la recherche de haut niveau, d'assez nombreuses femmes y renoncent afin de se consacrer à leur passion scientifique et à la compétition internationale acharnée qu'elle implique dans la plupart des disciplines. Elles tiennent à ne pas céder un pouce de terrain aux pairs et concurrents, leur laboratoire est leur foyer, la communauté scientifique leur univers, les découvertes dont elles accouchent dans l'effort et parfois la douleur leur tiennent lieu d'enfants. Leurs partenaires sont souvent des collègues, qui comprennent sans difficulté leur choix. Personne ne peut douter qu'il s'agit là d'une des voies possibles menant à un plein épanouissement. Cependant, certaines d'entre elles regrettent un jour de n'être pas mère d'autre chose que d'une œuvre, aussi remarquable soit-elle. À dire vrai, il est exceptionnel, lorsque l'on se retourne sur son itinéraire, de ne pas nourrir des regrets de quelque ordre que ce soit, celui de ces femmes chercheuses n'en fournit peut-être qu'un exemple particulier. Pour ma part, j'ai côtoyé, durant les quelque quarante années que j'ai consacrées à la recherche et à l'enseignement supérieur, des dizaines de jeunes femmes mères de famille dont l'ambition et la créativité, l'amour de la science et le goût de la compétition de plus en plus vive qu'elle impose, sauf peut-être dans certains secteurs de la physique où l'accent est davantage mis sur la coopération, ne le cédaient en rien à ceux de leurs collègues hommes. Je suis par conséquent convaincu que, au moins dans le domaine des sciences, celui de Dewi, le choix pour une femme de devenir ou non mère n'est pas contraint par leur ambition professionnelle. Dewi, je l'espère, prendra sa décision et, quelle qu'elle soit, confirmera ses débuts fulgurants dans la recherche sur la régénération des tissus nerveux. Je m'en réjouis car, sinon, si elle aspirait à être mère mais en était dissuadée par les exigences de son parcours, elle le ressentirait douloureusement, au point de se poser tôt ou tard la question de la réussite de sa vie.

Grossesse et maternité partagent avec la sexualité le caractère d'un comportement indispensable à la perpétuation des espèces et de la sorte retenu par l'évolution mais dont la réappropriation par un psychisme humain a profondément transformé la nature : avec d'importantes variations selon les cultures et les circonstances, elles sont devenues ces heureux événements qui peuvent prendre la dimension, dans notre monde moderne de l'enfant rare, d'une sorte d'épiphanie de la vie de la femme et du couple. Certes, la situation prémoderne des pays développés, celle encore de trop nombreuses régions du Sud, était marquée par une descendance nombreuse et une terrible mortalité infantile. Rappelons que seul l'un des six enfants légitimes du roi Louis XIV et deux des cinq de Louis Pasteur survécurent jusqu'à l'âge adulte. La fréquence des naissances et des décès d'enfants aboutit-elle à un désenchantement de la maternité, à une banalisation des accouchements ? Peut-être cela était-il le cas chez les courtisanes aux XVIIe et XVIIIe siècles. Telle Mme de Montespan, favorite du roi, qui lui donna plusieurs enfants, elles faisaient en effet allaiter leur progéniture par des nourrices, les faisaient élever par d'autres (Mme de Maintenon, dans le cas cité) et, s'il faut en croire le royal exemple évoqué, ni la mère ni le père n'apparaissaient durablement bouleversés par la disparition d'un de leurs petits.

En revanche, mon expérience africaine est inverse. Médecin-chef d'une préfecture de brousse en République centrafricaine, j'observais les familles nombreuses – souvent plus de dix enfants – et les ravages provoqués par le paludisme, les diarrhées, les épidémies de rougeole avant le déclenchement des campagnes régulières de vaccination. Les femmes étaient toutes confrontées à la fréquence des naissances et des morts en bas âge, la mortalité périnatale restait élevée malgré nos efforts. Pourtant, à la maternité de

ÉPANOUIR

l'hôpital dont trois religieuses s'occupaient avec une admirable abnégation, je lisais dans les yeux des jeunes mamans la même tendresse étonnée et comblée que chez les femmes occidentales, les gestes d'amour ne différaient guère. La proximité entre le nourrisson et la mère est, en Afrique, encore accrue par la coutume qui consiste pour les femmes à ne jamais se séparer de leurs bébés, à les porter enveloppés dans des pagnes colorés sur leur dos durant tous les actes de leur vie quotidienne. Bien qu'elles y soient, hélas, accoutumées, la mort d'un enfant est un drame dont les manifestations diffèrent certes un peu de celles que nous connaissons mais qui les bouleverse tout autant que les mères de nos pays confrontées à la même épreuve. Que dire aussi de l'extraordinaire fierté lue dans le regard des femmes enceintes, comme un défi au reste de l'humanité : « Nous sommes la vie, nous donnons la vie, sans nous, vous, les hommes, ne seriez rien, vous êtes issus de nous, nous engendrons les filles et les garçons, nous sommes à l'origine de tout, votre domination, votre violence parfois sont des efforts dérisoires pour vous masquer à vous-mêmes l'évidence de notre pouvoir. » Je fantasme, pensera le lecteur, ces femmes mutilées dès l'enfance par l'excision, souvent mariées adolescentes et contre leur gré, soumises à la tyrannie de leurs mères aliénées et du sexisme de leurs pères, parfois de leurs frères, puis, sans discontinuité, de leurs époux, ne peuvent penser cela. Et pourtant, cette beauté orgueilleuse de la femme africaine enceinte, ce port que la cambrure de la grossesse rend plus altier encore, ce vermillon aux joues et cet éclat du regard, ces seins gonflés aux mamelons turgescents, ce ventre proéminent et conquérant qu'agitent des tressaillements et où se distinguent par instants, sous la peau fine que parcourent des veinules, les coups de poing et de pied donnés par le fœtus sont le témoignage d'une présence au monde éclatante et indiscutable.

Cet hymne au triomphe de la femme tel qu'il se manifeste à travers la grossesse et l'accouchement n'est bien entendu par l'apanage de l'Afrique, même si les habitudes vestimentaires en brousse en rendent plus évidentes certaines caractéristiques. Nombreux sont les témoignages parmi nos proches qui évoquent des émotions de cet ordre. L'une de mes filles me les a dépeintes, presque mois après mois, tout au long de sa grossesse : « Tu sais, papa, c'est indescriptible, prodigieux, ce qui se passe là, dans mon corps. » Une heure à peine après avoir donné naissance à sa petite fille, elle me téléphonait pour me faire part du prodige auquel elle avait participé, combien elle en était à la fois épuisée, transportée, bouleversée. Elle me déclara même : « Je suis triste pour toi, tu ne connaîtras pas cela... » C'est un fait et j'en suis, moi comme mes semblables, sans doute à plaindre. J'ai conscience de ce que mon extériorité au phénomène de l'enfantement rend suspects jusqu'aux mots que j'utilise pour en rendre compte. Laissons donc la plume à France Quéré, une universitaire théologienne protestante, femme admirable qui fut, jusqu'à sa mort prématurée, l'une des figures du Comité consultatif national d'éthique français. Elle décrit ainsi sa grossesse et son accouchement dans *La Femme avenir*[1], en 1976 : « Ma taille s'est cambrée, je me sens plus grande, et ne riez pas, plus fine.

---
1. F. Quéré, *La Femme avenir*, Le Seuil, 1976.

ÉPANOUIR

Mon ventre est lisse et fort ; je n'ai plus d'autre sensation que celles qu'inspire l'appétit de vivre : faim et soif. Je veux marcher, respirer, occuper mon esprit, mouvoir mes membres. Tout m'est une fête, à commencer par ma gêne. Mon corps s'est alourdi, mais mon poids m'a délivrée de la pesanteur : le temps ne m'entraîne plus vers la terre. Je vais vers un terme, ce n'est pas la mort, c'est le commencement. Pendant quelques mois, cette grâce m'est donnée, le temps ne me promet plus le déclin. Je remonte le fil de l'eau, je suis délivrée de sa chute. Les jours m'acheminent à la source. Que savent les hommes de cette étonnante liberté ? Le temps les incline à la mélancolie. Ils n'échappent pas, même pour un jour, à sa dure étreinte. La mort serre leur nuque. Moi je cingle vers la vie promise. Mon corps s'est paré de jeunesse et de clarté, pour fêter sa prodigieuse offrande... » France Quéré, elle aussi, plaint les hommes voués à évoluer mélancoliquement leur vie durant vers la mort, habités par son idée, alors que les femmes, lorsqu'elles sont mères, expérimentent dans leur corps plusieurs naissances. Elle aussi connaît, comme ma fille et bien d'autres, une extase lors de l'accouchement, qu'elle décrit avec son immense talent, son exaltation de femme croyante et pratiquante : « Soudain une tornade me submerge dans les puissants sifflements du paroxysme. L'abîme m'appelle de sa voix tonnante, la vie crie, une fantastique poussée m'emporte. Je suis l'énergie, je suis le feu, je suis le fleuve irrépressible. Va, mon enfant, c'est toi qui montes au monde, dans le tumulte majestueux de ta naissance. Nous sommes les vivants, comme plus jamais nous ne le deviendrons, les vivants du premier matin, quand la Terre était belle, et que l'esprit de Dieu se mouvait au-dessus des eaux éblouissantes. Une houle nous soulève tous deux, et la volonté que tu vives et que je te contemple, va, et tu jaillis dans ta joie et ton cri, comme on plonge dans l'eau voluptueuse de l'été. »

Ce texte permet d'éclairer le débat lancé par Henri Atlan dans son ouvrage *L'Utérus artificiel*[1]. Si l'exogenèse, c'est-à-dire le développement de l'embryon hors du ventre d'une femme, était maîtrisée (ce qui est loin d'être le cas), si les mères étaient dispensées de la grossesse et de l'accouchement, cela constituerait-il pour elles un facteur de libération ou bien la menace de perdre l'un de leurs plus évidents pouvoirs, voire d'être privées d'une des expériences les plus marquantes de leur existence ? Certaines, sans doute, aimeraient se trouver à stricte égalité avec les hommes, contribuer comme eux à la procréation par leurs seuls gamètes, ne pas mettre en péril leur réussite professionnelle du fait des grossesses, partager tous les aspects de la vie domestique. D'autres auraient plutôt le sentiment d'une dépossession – cela eût été le cas de France Quéré et l'est de ma fille. Cette ambivalence féminine est pour moi l'occasion de rappeler combien la vision « essentialiste » ancestrale de la féminité, la ramenant à la fécondité, doit impérativement être écartée et combattue activement lorsqu'elle persiste, car elle constitue dans encore trop de pays le motif invoqué de l'éviction des femmes de la sphère publique et de celles du savoir. Les conséquences de cette dernière privation sont dramatiques pour la société dans son ensemble. Ce sont en effet avant tout les femmes qui

---

1. H. Atlan, *L'Utérus artificiel*, Le Seuil, 2009.

transmettent des valeurs aux petits enfants, à l'âge de leur sensibilité maximale à en conserver l'empreinte définitive. Cette empreinte peut être aussi bien celle de l'aliénation féminine, de la soumission, que de l'amour de la connaissance et de la liberté, l'avenir en dépend. On ne saurait au total accepter de cantonner les femmes dans un rôle de génitrice, dont l'exclusivité est consubstantielle d'une domination masculine ancestrale qui s'arroge aussi la décision de la fécondation, la participation féminine étant supposée passive. En fait, le réel pouvoir des femmes est qu'elles sont certes indispensables pour donner la vie, mais qu'elles assument aussi fort bien toutes les autres tâches dans lesquelles se cantonnent les hommes ; en outre, lorsqu'elles procréent, ce sont elles qui, aujourd'hui, décident et choisissent le géniteur, comme d'ailleurs c'est aussi le cas général des femelles dans le monde animal non humain. Une vie féminine peut être épanouie et lumineuse avec aussi bien que sans enfants, aucune hiérarchie d'aucune sorte ne saurait distinguer les femmes selon qu'elles procréent ou non. Cependant, quand une femme désire être mère, les obstacles qu'elle rencontre, sociaux ou physiologiques (stérilité du couple), engendrent une douleur psychologique qui peut être destructrice.

C'est pourquoi je dénonce la pression croissante qui s'exerce sur les femmes cadres dans nos sociétés occidentales et les place parfois devant le dilemme suivant : être mères ou espérer une carrière identique à celle des hommes dans l'entreprise. Ce dilemme se pose quelquefois aussi, nous l'avons vu, dans le monde de la recherche de haut niveau. Tout se passe comme si les femmes étaient insidieusement incitées à privilégier une carrière qu'on les a amenées à considérer comme peu compatible avec la maternité. Le modèle qui se dessine est alors celui d'une belle réussite matérielle qui, la ménopause venue et proches de l'âge de la retraite, leur permettra d'acheter des ovules à des femmes jeunes, de s'assurer les services d'une équipe de biologistes de la reproduction et de démarrer alors une grossesse dans laquelle elles joueront le rôle de mères porteuses âgées d'un embryon sans lien de filiation biologique avec elles. Cependant, ces mères porteuses d'un type particulier puiseront dans leur grossesse et dans l'accouchement des ressources supplémentaires pour s'approprier sentimentalement cet enfant avec sans doute plus de facilité qu'au terme d'une adoption ordinaire. Il serait injuste de condamner ces femmes dont le désir de progression professionnelle est légitime mais que la société semble contraindre à de tels choix. En revanche, difficile d'être satisfait du système lui-même, qui semble entraver la promotion aux postes de responsabilité des jeunes mères et imposer aux enfants d'avoir des mamans qui ont l'âge habituel des grands-mères, les privant aussi, ce faisant, de ces dernières.

Si être parent ne saurait être assimilé au seul but satisfaisant d'une existence, nous avons dit combien il est douloureux de ne pas l'être lorsqu'on en fait le projet. Nul alors n'y renonce aisément et tous les moyens peuvent être mobilisés pour parvenir à ses fins. Les vedettes les plus adulées n'hésitent le plus souvent pas à conduire une grossesse malgré la difficulté de la concilier un temps avec leur carrière et leur image de star. Cependant, une tout autre pratique se développe chez certaines, surtout aux États-Unis, le recours à des mères porteuses dont le ventre est loué, le temps d'une gestation, pour assurer le développement de l'embryon issu d'un de leurs ovules fécondé par le géniteur de leur choix. Ce n'est pas le lieu ici de rappeler les raisons de mon opposition à la technique des mères porteuses au nom du respect des femmes dans le besoin qui sont conduites par la nécessité à se prêter à une telle pratique, et aussi de ma réticence à introduire la fonction gestatrice des femmes dans le circuit marchand. Du point de vue des vedettes utilisatrices, en attendant l'utérus artificiel annoncé par Henri Atlan, c'est là un utérus de location qui soustrait la mère à l'obligation de la grossesse. Les enfants étant ensuite confiés à des nourrices, la rupture entre la génitrice et la mère sera complète. L'avenir nous révélera si, quelques décennies après, ces femmes seront pleinement satisfaites de la manière dont elles auront assuré et vécu leur maternité.

Être parent

L'expérience de la maternité n'est accessible qu'aux femmes mais non celle de la parentalité. Les ressorts qui les incitent, elles et les hommes, à procréer sont en large partie communs. Au-delà de l'atavisme reproductif déjà évoqué et qui concerne tous les êtres vivants, ce qui pousse nos semblables à donner la vie relève du domaine de l'intime et de l'amour, cela échappe orgueilleusement à toute réduction à une rationalité déconnectée du cœur. Tentons pourtant, conscients du schématisme de la démarche, d'en identifier certains des déterminants. Contrairement aux femmes, qui peuvent décider de façon exceptionnelle d'élever seules des enfants (elles y sont hélas plus souvent contraintes par la lâcheté et l'égoïsme masculins), le désir de paternité se conçoit mal en dehors d'un couple, en général hétérosexuel et le cas échéant homosexuel. La volonté de faire de la famille un élément essentiel de l'espace fusionnel des parents, leur œuvre commune, de communier avec sa ou son partenaire en cette réalisation constitue une première motivation. Considérer l'enfant comme le but principal, voire unique, d'une vie m'apparaît discutable, moins de le placer au cœur des projets du couple. La volonté d'assurer la continuité d'un lignage est déterminante chez certains, dans une perspective plus ou moins dynastique liée à un titre, à la perpétuation de la famille, à l'héritage de biens ou à la continuité d'une culture. Pour d'autres, « croître et se multiplier » est une injonction divine à laquelle se réfèrent hélas les religions qui cantonnent les femmes dans la fonction reproductrice, dont elles constituent la condition déterminante. La peur de la solitude et la certitude de la mort hantent les humains, qui mettent en œuvre différentes stratégies dans le but d'en exorciser l'idée ; la continuité du lignage est l'une d'entre elles. Lorsque les amis et parents des générations antérieures auront disparu ainsi que beaucoup des contemporains, l'enfant offrira la perspective d'une présence espérée attentive et bienveillante. La mort venue, quelque chose des parents continuera de vivre chez leurs enfants, expression des gènes et de la culture transmis, le cas échéant cette dernière seulement. On se trouve alors un peu dans la configuration de la filiation intellectuelle du maître à l'élève, qui comporte toujours une dimension affective : le disciple qui admire son maître et s'efforce d'en prolonger l'œuvre l'aime aussi. Au lieu de quoi, l'idée d'une mort « globale », c'est-à-dire du corps, de sa descendance génétique et de son message sentimental et intellectuel, peut apparaître plus insupportable encore en tant que, surtout pour ceux qui n'espèrent pas en une forme de vie éternelle, elle débouche sur un néant radical. Le concept d'une succession qui assure la continuité transgénérationnelle s'exprime aussi par le sentiment qu'il reviendra au descendant de ne pas déchoir, voire d'accomplir tout ce que les parents auraient aimé réaliser, de les venger de leurs frustrations, de leurs humiliations, de leur promettre une revanche, même posthume, en somme. Au-delà du désir légitime de la plus belle vie possible pour ces êtres qui, sans nous, ne seraient pas là, un tel surinvestissement dans des enfants à qui on enjoint d'assumer aussi la vie de leurs parents, de persévérer dans leur magnificence ou de les consoler de leurs échecs, peut offrir un réconfort aux parents, beaucoup moins aux enfants, dont l'autonomie et la liberté de choix et d'initiatives en sont, dans ce cas, sévèrement bridées.

Ces considérations sont cependant bien théoriques, j'ai d'emblée prié le lecteur de bien vouloir m'en excuser, personne ne les évoque de façon consciente lorsqu'il fait le projet de devenir père ou mère. L'enfant est d'abord – et heureusement – un être à aimer, à deux en général, et par qui être aimé, à qui transmettre ; il est l'occasion d'un investissement et de l'épreuve de la responsabilité, la promesse d'une aventure merveilleuse et passionnante : l'émergence progressive d'une autre personne, d'un être au monde, suivi pas à pas, selon ses dispositions propres dont on s'efforce de faciliter la manifestation par l'aménagement et l'animation d'un cocon familial accueillant, tendre, protecteur et formateur. On en attend alors des instants d'émotion intense devant la beauté fragile de la petite fille et du petit garçon, le désir de les protéger insuffle en nous une énergie formidable dont on ne se serait pas crus capables. Ahmad, comme le ferait l'immense majorité des parents, n'hésite pas à s'engouffrer à deux reprises dans la fournaise de sa demeure embrasée. Ses vêtements s'enflamment la seconde fois, il ressent – ou non – la morsure cruelle sur sa peau brûlée, il devrait être épouvanté, le feu épouvante. Il n'hésite pas, pourtant. Peut-être sa dernière pensée consciente, je l'espère pour lui, consiste-t-elle dans la satisfaction d'avoir sauvé Eka. Imaginons que le père lui ait survécu, comme Purwanti et Dewi. Lorsque la famille aurait fait son deuil de la fillette, sans que jamais la blessure du drame ne cicatrise totalement, le parcours de la jumelle survivante, ses rires clairs d'enfant, ses bisous et câlins, ses progrès, ses succès, ses triomphes auraient alors été des moments de joie, de bonheur intense partagés avec son épouse. Hasan, le beau-père fidèle et aimant, les ressent, lui aussi. Ce qui permet le mieux d'appréhender la place que prend pour les femmes et les hommes le fait de devenir parents, c'est l'incroyable audace, bonheur, désespoir parfois, que cela engendre ; c'est que, comme dans le cas de l'amour pour un conjoint, les drames que l'on sait pouvoir en résulter dissuadent rarement de s'y engager. C'est que, souvent, l'un des parents se réveillera en sursaut, la nuit, terrorisé on ne sait pourquoi, et se précipitera vers le berceau pour s'assurer que bébé respire encore et dort paisiblement. C'est que le pire des cauchemars, la plus épouvantable des pensées qui peut traverser son esprit, est, pour une mère, un père, la perte d'un de ses enfants, ce qu'Ahmad a cru éviter au prix de sa vie, ce qu'a vécu, accablée, Purwanti dans le deuil de son époux et de sa fille. Bien entendu, et je l'ai déjà signalé dans le paragraphe consacré à la maternité, le cadre familial ne saurait être le seul propice à l'épanouissement humain de qui n'en a pas l'aspiration. Pourtant, il reste le lieu possible d'un torrent de sensations, d'émotions et de sentiments qui poussent au dépassement de soi, à une projection à des sommets de courage, d'abnégation, dont on se sentait auparavant incapable.

J'ai traité de manière indifférenciée dans ce paragraphe les motivations et pulsions des mères et des pères. Ce n'est pas que je méconnaisse leurs différences et singularités en relation avec leurs sexe et genre, avec leurs rôles respectifs dans l'acte procréatif et leurs rapports précoces à l'enfant. Cependant, le propos de cet ouvrage n'est pas de constituer une étude de plus – elles sont déjà innombrables – sur la coopération et la guerre des sexes dans le couple et au sein de la famille, mais de m'en tenir à l'éventail de ce qui m'apparaît compatible avec un plein épanouissement des uns et des autres. Ayant abordé la maternité en soi, j'ai considéré en première approximation qu'elle conférerait seule sa spécificité au parent féminin par rapport à son partenaire. C'est en réalité insuffisant, car l'expérience de cette maternité influe aussi sur la manière d'être parent. L'attachement parental possède toujours une composante dynamique qui évolue tout au long de l'expérience de la vie familiale, au rythme des espoirs investis, des soins donnés, des satisfactions et des craintes ressenties. Chez la femme, cependant, la connivence avec l'enfant débute avant l'accouchement, durant une grossesse dont elle ne peut rien ignorer. La future mère observe les modifications de son corps, perçoit, de plus en plus nettement, la présence de l'enfant en elle, ses mouvements, ses coups de pied. Elle vit, dans l'appréhension parfois mais souvent dans la félicité ensuite, l'étrange cérémonial de la mise au monde, elle est d'abord stupéfaite de l'irruption hors d'elle de ce petit être jusque-là blotti en son sein. Cette longue expérience partagée entre la femme et l'enfant avant même sa naissance explique la facilité de l'appropriation par des mères ménopausées chez lesquelles a été transféré un embryon étranger de ce petit qui n'est pas biologiquement le leur. Il l'est, malgré tout, elles l'ont porté, senti, leur intimité a alors été étroite, il est issu d'elles. Au lieu de quoi le sentiment paternel repose nécessairement de façon plus exclusive sur l'expérience vécue avec le nourrisson et l'enfant tout au long d'un développement auquel le père contribue, sur les traces indélébiles laissées dans le psychisme de l'homme par cette vie partagée. Imaginons qu'Eka ait été remise, à dix ans, à ses parents, Ahmad étant resté en vie. Il y a fort à parier que, au-delà de la consternation provoquée par son état mental, Purwanti aurait eu moins de difficulté à renouer le fil que son époux. Pour paraphraser Simone de Beauvoir, disons que, à la naissance d'un enfant, la mère l'est déjà, reste au père à le devenir. Une pareille différence de situation intervient dans ce qu'il est convenu d'appeler le malaise des pères, peut-être des hommes en général, dans les sociétés post-patriarcales. En effet, la domination masculine à l'œuvre dans la plupart des civilisations, les limites imposées à l'éventail des domaines d'investissement possible des femmes masquent l'évidence déjà signalée : les femmes ont, si on ne les en empêche pas, la capacité de réaliser tout ce que réalisent les hommes ; de plus, elles donnent la vie et ont, avant même la naissance de ceux-ci, des relations privilégiées avec leurs petits, alors qu'il incombe aux pères de les bâtir. Une semblable dissymétrie et les incertitudes engendrées chez les hommes quant à leur place réelle ne trouvent guère de motifs d'apaisement que dans l'amour du couple et le coïnvestissement parental, dans l'aide apportée par les enfants et leurs mères dans l'institution des pères.

Les bêtes et nous

Le statut de notre rapport aux animaux non humains oscille entre celui de l'ami et celui de simple élément du monde de nature auquel nous appartenons et qui s'impose à nous. Les religions « du Livre » présentent des enseignements quelque peu contradictoires quant aux rapports de l'homme et des bêtes. Certes, Dieu octroie à la créature à son image une sorte d'usufruit sur le monde vivant hors lui-même. Après avoir créé l'homme et la femme, il leur dit : « Ayez des enfants, devenez nombreux, peuplez toute la terre et dominez-la ; soyez les maîtres des poissons dans la mer, des oiseaux dans le ciel et de tous les animaux qui se meuvent sur la terre. » Et il ajouta : « Sur toute la surface de la terre je vous donne les plantes produisant des graines et les arbres qui portent des fruits avec pépins ou noyaux. Leurs graines ou leurs fruits vous serviront de nourriture » (Genèse, 1, 28-29). Après le déluge, Dieu rappelle à Noé l'étendue de son pouvoir sur le reste de la nature : « Vous inspirerez désormais la plus grande crainte à toutes les bêtes de la terre, aux oiseaux, aux petits animaux et aux poissons ; vous pourrez disposer d'eux. Tout ce qui remue et qui vit pourra vous servir de nourriture... » (Genèse, 9, 2-3). Cependant, Dieu accorde ensuite un statut particulier aux animaux puisqu'il les inclut dans la nouvelle alliance qu'il conclut avec eux et les humains, alliance que les arcs-en-ciel rappelleront jusqu'à la fin des temps : « Je vous fais une promesse, ainsi qu'à vos descendants et à tout ce qui vit autour de vous, oiseaux, animaux domestiques ou sauvages, ceux qui sont sortis de l'arche et à tous ceux qui vivront plus tard sur la terre » (Genèse, 9, 9-10). Dewi, pour sa part, est particulièrement bien informée de tout ce que les sciences ont permis d'apprendre sur les bêtes depuis la rédaction des versets de la Bible. Tous les animaux supérieurs, et par conséquent, les mammifères, humains aussi bien que non humains, et les oiseaux, ressentent par des mécanismes similaires la douleur, le mal-être, le stress, le bien-être, ils sont à l'évidence des êtres sensibles. De même que ses premiers résultats sur la régénération du tissu nerveux animal se sont révélés applicables à l'homme, les produits destinés à combattre la douleur et le stress, l'anxiété chez nos semblables sont

ÉPANOUIR

testés d'abord chez d'autres animaux. La scientifique a de la sorte conscience que rien ne peut justifier que l'homme inflige aux êtres sensibles du monde animal ce dont il éprouve lui-même les conséquences mauvaises et qu'il les sait capable d'éprouver aussi.

D'un autre côté, la femme vigilante à préserver le lien qui continue de l'unir à son île natale voit dans les bêtes bien plus que seulement ces lointains cousins que la raison morale commande de respecter, elle les appréhende aussi en tant que compagnons d'une autre espèce souvent essentiels à l'épanouissement affectif des humains. Elle se rappelle le petit singe apprivoisé que possédait l'un des domestiques à Bakengbenkel, près du fleuve Kumai. Il venait près d'elle lorsqu'elle prenait son petit-déjeuner, montait souvent sur la table, chipait une tartine ou un fruit, qu'il allait manger bien vite à l'abri des représailles amusées de l'enfant, puis revenait pour se faire pardonner par un câlin, perché sur son épaule. La fillette l'adorait, lui prêtait des sentiments de même nature que les siens, y pensait et en rêvait comme d'une autre personne. Plus tard, à Bogor, ses parents l'inscrivent à un club hippique où elle se prend de passion plus pour les chevaux que pour l'équitation. Elle arrive bien avant la reprise afin de participer avec les garçons d'écurie au nettoyage et au paillage des box, puis panse longuement la monture qui lui est attribuée, démêle ses crins, natte sa crinière, lustre sa robe, dépose des bisous sur son nez, caresse son chanfrein, gratte doucement ses oreilles, souffle dans ses naseaux. L'animal pose alors parfois sa tête sur son épaule, la fille et la bête sont conquises et heureuses. L'évocation de ces instants de bien-être et d'émotion partagés m'incite à regretter que mon héroïne n'ait pas connu aussi les incroyables moments de plénitude que ressent le cavalier sur sa monture confiante et gaie au petit pas dans les chemins creux du bois paré des couleurs de l'automne, au trot allongé dans la belle allée herbeuse, au grand galop dans les chaumes au lendemain des moissons par un clair matin de juillet. Qu'elle n'ait pas ressenti le bonheur de la confiance partagée lorsque l'homme et l'animal se comprennent si bien que seul un observateur expérimenté sait détecter les ordres auxquels le cheval obéit, souplement et sans effort apparent, l'exaltation qui les saisit tous deux à l'approche de l'obstacle impressionnant qu'ils se savent capables, couple uni, de franchir de concert dans un élan généreux et joyeux. Dewi, chère collègue, si je puis m'adresser ainsi directement à vous, je comprends vos bouffées de bonheur lorsque, d'un coup, l'hypothèse scientifique avancée se trouve confirmée, lorsque la pleine lumière illumine soudain, après de longs efforts, le phénomène complexe auquel vous étiez confrontée, j'en ai parfois eu l'expérience. Je vous affirme que certaines des sensations éprouvées avec mes chevaux furent de la même intensité ; avec eux, j'ai ri, pleuré, été éperdument inquiet, parfois sur le moment désespéré, puis rassuré et heureux.

Dewi s'est rendue à plusieurs reprises au parc national de Tanjung Puting à la lisière duquel elle est née, et est devenue familière des orangs-outans qui y trouvent refuge. Leur aspect, leurs comportements, l'évidence des liens affectifs qui unissent encore les mères et leurs enfants déjà grands l'ont fascinée. Elle ignore bien sûr que sa sœur a vécu dix ans parmi eux, sous leur protection, a bénéficié de leur attachement, de leur affection, puis-je dire de leur amour ? Cela n'a pas été suffisant à garantir le plein développement des capacités mentales d'Eka, mais sa famille adoptive lui a apporté tout ce qu'elle pouvait, avec une abnégation et une générosité qu'il est impossible de contester. Le monde animal est au total pour l'épanouissement humain bien autre chose qu'un simple constituant de l'environnement naturel à la beauté duquel il contribue sans conteste ; il est aussi l'occasion d'authentiques partenariats, il participe à un réseau d'affects, d'attachements réciproques propices au développement des sentiments de responsabilité, de bienveillance et de compassion. Parfois, il constitue un ultime recours, une ultime présence chaleureuse et familière pour les écrasés de la vie oubliés des autres, le vagabond et son chien, la vieille dame et son chat, l'enfant autiste et son serin ou son poisson rouge, le vieux paysan dans une ferme isolée et ses vaches, etc.

La beauté

Dewi garde, nous l'avons vu, un vif souvenir de son île natale, où elle est retournée plusieurs fois après l'avoir quittée. La puissance du fleuve Kumai, la luxuriance de la végétation, la folle diversité des bêtes, des plantes et des fleurs, l'odeur entêtante de ces dernières sous l'ardeur du soleil la plongent, quand elle y songe, dans un ravissement que le temps qui passe ne dissipe en rien, au contraire. Fermant les yeux en Europe, aux États-Unis, partout dans le monde où l'entraîne sa carrière internationale de scientifique de haut vol, elle succombe chaque fois sans peine à la magie de la grande forêt équatoriale dans l'ombre épaisse de laquelle s'insinue parfois un faisceau de lumière où s'agite un monde frénétique d'insectes, papillons, libellules, etc., d'une incroyable diversité de formes, de couleurs et de tailles. Plusieurs centaines d'espèces différentes d'oiseaux colorent et animent de leurs chants les sous-bois et les clairières alors que surgissent parfois, sous le regard attentif et amusé du promeneur, d'étranges singes beiges aux longs nez, les nasiques, des macaques et des gibbons, parfois des orangs-outans, de petits ours malais, civettes, langurs, loris, cerfs, reptiles plus ou moins menaçants, des crocodiles. Pourtant, Dewi est consciente de ce que la folle prodigalité de la vie qu'abrite son île est menacée par la déforestation sauvage, en particulier pour les besoins de la plantation des palmiers à huile, elle vit cela comme un péril non seulement pour la biodiversité, bien sûr, mais aussi pour elle et pour tous ses compatriotes, tous les femmes et les hommes de la terre, en fait. Elle est consciente des ineffables joies, de l'impression de bonheur épanoui suscité en elle par la nature riche et familière au sein de laquelle elle a grandi les premières années de sa vie, se réjouit de pouvoir en jouir, se désespère de ce que bientôt seul le souvenir en persistera peut-être. Dewi vit cette destruction comme un rabougrissement insupportable de son univers, une amputation authentique de son être, édifié dans une matrice environnementale qui l'a nourrie de perceptions, de sensations et d'émotions, qui continuent d'irriguer sa vie itinérante lorsqu'elle sait pouvoir s'y replonger. Cette scientifique exigeante se retrouve sans peine dans l'injonction du philosophe écologiste Hans Jonas : « Agis de façon que les effets de ton action soient compatibles avec la permanence d'une vie authentiquement humaine sur terre[1] », et ressent au plus profond d'elle-même combien le respect de la nature à laquelle elle sait appartenir en est une condition.

Eka et sa famille adoptive de grands singes sont elles aussi, et plus encore que Dewi, des enfants de la forêt : elles y vivent, la connaissent, sa préservation est la condition de leur existence, les événements rapportés en témoignent. Pourtant, la sensibilité proprement esthétique des orangs-outans est incertaine, voire douteuse, celle de l'enfant sauvage est une énigme. Bien entendu, le monde animal non humain utilise maints signaux appréhendés comme beaux par nos semblables, en particulier en tant qu'indicateurs de la valeur génétique des mâles, et par conséquent de leur attractivité pour les femelles, garante du succès reproductif des deux géniteurs. Ainsi en est-il de l'appendice caudal du paon fièrement déployé en éventail aux couleurs vives lorsqu'il fait la roue, de la crinière du lion, des bois du cerf, de la queue du poisson guppy, de la crête et des ergots du coq, etc. Cependant, la puanteur musquée du bouc possède la même signification sans que nous lui trouvions de caractère esthétique prononcé. Aucune expérience n'a jamais pu démontrer l'existence d'un sens esthétique chez les animaux non humains, y compris les primates. J'entends ici par sens esthétique la capacité à ressentir

---

1. H. Jonas, *Le Principe responsabilité. Une éthique pour la civilisation technologique*, Éditions du Cerf, 1993.

une émotion agréable provoquée par des perceptions et sensations – parfois seulement leur évocation mentale – même déconnectées de toute signification sémiologique, en particulier sexuelle. Cela ne signifie bien entendu pas que la sexualité soit déconnectée du sens de la beauté, Picasso était justifié à déclarer que l'art est sexué ou n'est pas. Dans un monde où jamais la sexualité ne serait apparue, pas d'ornements animaux, de fleurs et d'insectes multicolores. Et, bien entendu, nul besoin non plus de la splendeur du corps humain, celui des femmes et celui des hommes. Cependant, Dewi, comme chacun d'entre nous, est émue aussi par des spectacles et des œuvres déconnectés de toute signification sexuelle, la beauté d'un paysage, d'une découverte, d'une pensée, d'un rite, d'une musique, du tableau d'une très vieille personne ; la famille adoptive d'Eka n'y est pas sensible. *Homo* n'est pas le seul primate et les primates ne sont pas les seuls animaux à faire usage d'outils par destination. Les grands singes hominidés – orangs-outans, gorilles, chimpanzés – utilisent des branches et des baguettes pour faciliter leur quête de nourriture, des pierres pour casser des noix. Certains oiseaux sont capables de courber une tige malléable en forme d'hameçon à l'aide duquel ils prélèvent une proie dans un récipient ou une cavité à ouverture étroite. Cependant, *Homo* va au-delà d'une telle utilisation de l'outil, il le perfectionne et l'« embellit ». Il y a un million huit cent mille ans au moins qu'il façonne ses outils de pierre avec, semble-t-il, le souci d'une qualité formelle que ne requiert en rien l'usage qu'il en attend, comme s'il éprouvait de la satisfaction à l'observation, à la perception de cette qualité dont sa main, gouvernée par son esprit, a su acquérir la maîtrise. Puis, au fil des centaines de milliers d'années, les indices se multiplient d'un sens de la beauté chez les humains, tel le soin apporté par un *Homo erectus* vieux de plus de deux cent mille ans à préserver des coquillages fossiles sans utilité sertis dans un galet taillé. Puis viendront chez *Homo sapiens* les premières gravures géométriques, les traces de mains laissées sur les parois, les sculptures de formes animalières et humaines, enfin les grottes ornées[1]. Tout indique par conséquent que l'appréhension de la beauté est un signe précoce de l'évolution humaine, plus spécifique du genre *Homo* que l'outil, et aussi un amplificateur probable du processus d'humanisation. Le rôle joué par la sensibilité esthétique dans l'accélération de l'évolution humaine est sans doute multiple. Elle peut avoir suscité, comme elle continue de le faire, un sentiment de bien-être propice à l'épanouissement individuel. L'émotion partagée par tous les membres d'un groupe confrontés à une perception qu'ils trouvent belle constitue un puissant facteur de socialisation, raison pour laquelle tous les rites chamaniques ou religieux connus y font appel. La possession d'objets de rayonnement est un élément de stratification hiérarchique, et ainsi d'organisation sociale. Que leur finalité soit le rayonnement, un culte ou la satisfaction personnelle, les objets susceptibles d'être appréhendés comme beaux occupent depuis des millénaires une place significative dans le commerce, de proximité et lointain.

Comment Eka réagit-elle à son milieu naturel, que sa jumelle éprouve si beau ? C'est là une vraie énigme,

---

1. A. Kahn, *L'Homme, ce roseau pensant...*, *op. cit.*

je l'ai dit. En effet, la fillette possède sans aucun doute les mêmes potentialités que son clone biologique, Dewi, et est en principe apte à éprouver une émotion agréable de type esthétique. D'un autre côté, elle ne peut y être stimulée par une relation de type pédagogique avec son entourage, le retard de développement mental créé par l'absence de toute intersubjectivité humaine perturbe probablement les manifestations psychiques de sa potentialité à la perception de la beauté qui, en tant qu'elle apparaît être un trait essentiel d'humanité, se conjugue comme l'humanité elle-même au pluriel. J'en reste par conséquent à l'hypothèse selon laquelle les jumelles diffèrent en fin de compte par l'évolution et l'expression de leur sentiment esthétique, car ce dernier n'est pas autonome, il se manifeste en fonction des conditions du développement postnatal. Or ce sentiment m'apparaît comme à Dewi constituer un élément essentiel d'une humanité épanouie, comme il le fut dans l'éclosion de cette dernière chez nos lointains ancêtres du genre *Homo*. Une telle affirmation revient à faire de la confrontation à la beauté l'une des conditions de l'épanouissement d'une vie authentiquement humaine, pour reprendre les termes de Hans Jonas. Cependant, une telle position demande que soit précisée la notion de beauté. Elle ne constitue bien entendu pas une qualité intrinsèque des objets, spectacles ou idées ressentis comme beaux ; le besoin de beauté ne possède pas sous cet aspect le même statut que celui de nourriture, de boisson ou d'air à respirer. Est beau ce qui est regardé comme tel, ce qui provoque une émotion esthétique. De ce fait, le concept de beauté n'a aucun sens en l'absence d'un être capable de l'éprouver, c'est-à-dire avant *Homo*, il peut en quelque sorte être daté à environ deux millions d'années. Pourtant, l'homme est ému et ravi par des spectacles de nature bien plus anciens, vieux de plus de quatre milliards d'années si on considère le ciel étoilé vu depuis la terre. La question devient alors : pourquoi les êtres de notre espèce et de celle qui l'a immédiatement précédée trouvent-ils *beaux* une pleine lune et un firmament constellé d'étoiles ? La raison en est sans doute la propension apaisante à se satisfaire d'un environnement ordinaire au sein duquel il convient de s'épanouir, cela vaut pour les cieux, la forêt équatoriale, comme pour la ville de son enfance lorsqu'on s'y est senti bien.

Je me garde par conséquent, en évoquant la question de la sensibilité à la beauté, de tomber dans l'élitisme esthétisant, et j'admets sans difficulté que l'émotion qu'elle provoque peut être suscitée par bien d'autres « spectacles » et œuvres que ceux qui me touchent. Je reste néanmoins persuadé que l'épanouissement humain et le ressort qu'il confère exigent de garder à cette émotion une place suffisante dans une vie humaine, qui serait sinon en péril de relative déshumanisation. Un jour, durant mes traversées pédestres du pays[1,2], un participant à une conférence que je donnais à Bourbon Lancy, en Saône-et-Loire, me demande si mon insistance sur la beauté n'est pas un luxe réservé à un bourgeois esthétisant bien loin des préoccupations de personnes

---

1. A. Kahn, *Pensées en chemin. Ma France, des Ardennes au Pays basque*, Stock, 2014.
2. A. Kahn, *Entre deux mers, voyage au bout de soi*, Stock, 2015.

obsédées par le quotidien et incertaines de l'avenir. Je lui réponds que je comprends son interpellation mais pense qu'il a tort. Je lui rappelle que les groupes humains sur toute la surface de la terre, confrontés aux pires conditions de vie qui soient, Dogons et autres peuples d'Afrique, Inuits, Amérindiens, aborigènes d'Australie, etc., avaient toujours placé la beauté à une place importante de leur vie. J'ai été membre du Parti communiste français entre les âges de dix-sept et trente-quatre ans. Au début, mon secrétaire de cellule était ouvrier spécialisé aux usines Citroën du quai de Javel, car j'habitais alors le 15e arrondissement de Paris. Amateur d'opéra, il entonnait parfois, après les réunions, des airs qu'il appréciait. Amoureux de Baudelaire, il en citait aussi souvent des vers. En ces temps-là, l'aspiration à la culture qu'il ne fallait pas laisser à la bourgeoisie était formidable dans les syndicats ouvriers, les œuvres et autres organisations populaires, patronages laïcs et autres. Loin d'être une distraction esthétisante, je crois bien qu'il n'a jamais échappé à ces militants qui se vivaient « révolutionnaires » que c'était là l'une des composantes de la vie donnant aussi le ressort nécessaire pour mener les luttes. Que la tentative de spoliation esthétique des déracinés de l'intérieur et de l'extérieur, travailleurs accablés par la crise et immigrés, participe de leur aliénation, certainement. En revanche, assimiler le combat en faveur de la ré-institution d'une dimension esthétique dans la vie des personnes, même de celles dans la plus grande difficulté, à une complaisance esthétisante m'apparaît erroné. Les populations les plus déracinées sont menacées de voir leur aliénation accrue encore par le déracinement culturel et la disette esthétique. Elles réagissent, cependant, et cette réaction a des côtés positifs et d'autres qui le sont moins. Évoquer ces derniers conduit bien entendu à considérer la reconstitution salvatrice d'une identité culturelle au sein de la communauté et à admettre qu'elle peut dériver vers un insularisme communautaire. Pour ce qui est de la reconquête d'un espace propice à la stimulation du sentiment esthétique, elle est d'une étonnante vigueur. Je me rappelle avoir été plusieurs fois convié à des événements organisés par des communautés africaines subsahariennes, maghrébines – et c'est la même chose chez les Roms – et avoir chaque fois été émerveillé par l'ingéniosité dont témoignent des gens souvent en très grande précarité pour « embellir » leur environnement et leur vie, y compris dans les plus insalubres des logements.

Le sentiment de beauté possède nécessairement des fondements universels et d'autres qui sont relatifs et dépendent des cultures, des modes et des itinéraires individuels. Les premiers trouvent leur origine dans l'environnement partagé au sein duquel nos ancêtres ont eu à se développer et à se reproduire, et englobent les spectacles de nature, y compris ceux liés à la sexualité. Les seconds sont particuliers, leur construction est individuelle. Amateur pour ma part de la plus classique des musiques et d'un art plastique qui, figuratif ou non, m'évoque des beautés de nature, je n'ai aucune difficulté à admettre des goûts très différents des miens, tout en suspectant parfois la supercherie. Dewi, fille de Bornéo de religion et culture musulmanes, s'est éprise à Amsterdam de l'école flamande, est éblouie par les toiles de Vermeer et s'est mise à goûter une peinture plus moderne, des expressionnistes à certains artistes actuels. Cependant, la relativité peu contestable du sentiment esthétique risque par certains aspects de menacer la vertu même de la confrontation à la beauté pour un plein épanouissement individuel. Une tendance croissante de nos sociétés globalisées est, par exemple, d'apprécier la vigueur de la création artistique en fonction de celle du marché de l'art, c'est-à-dire de la cote des œuvres. Ainsi, un artiste dont les productions atteignent des prix considérables peut être, pour cette raison et pour cette raison seule, considéré comme un créateur de génie, alors que son succès peut reposer surtout sur des stratégies de marketing et des spéculations de type boursier. L'illusion de beauté est alors conférée par l'éblouissement éprouvé devant les sommes en jeu, de sorte que l'argent aussi bien que l'extrême pauvreté peuvent se révéler à l'origine d'une sorte de déracinement culturel qui m'apparaît constituer une menace. C'est d'ailleurs pour la dénoncer que j'ai choisi, dès que j'en ai eu la possibilité, de me transformer en chemineau vagabond partant en quête de la beauté, y compris celle que la nature offre généreusement à celles et ceux qui gardent le goût de la saisir et de s'en réjouir. J'avais à cœur de témoigner combien cette simple quête peut donner une impression de bonheur. Ressentir la beauté et en éprouver du plaisir est à l'origine de la pulsion de la créer, presque aussi ancienne dans l'histoire de l'humanité que celle de fabriquer des outils. Aussi, le voyageur à travers le monde, le marcheur à travers la France dans mon cas récent, est-il confronté à la beauté d'une nature bien souvent façonnée par la main des hommes et à celle de leurs multiples réalisations artistiques et architecturales, en particulier liées aux finalités déjà évoquées du prestige (les palais et les villas antiques) et des cultes. Temples, mosquées, églises et cathédrales tiennent ici une place prédominante en relation avec l'importance des phénomènes religieux dans l'histoire de toutes les civilisations. L'émotion éprouvée alors est composite. Elle procède certes de l'harmonie ressentie des œuvres, mais aussi de l'admiration suscitée par le génie des concepteurs, créateurs et bâtisseurs, de la fascination pour le feu sacré, souvent une foi, qui les habitait et insufflait en leur esprit, conférait à leur main une telle aptitude à créer de semblables prodiges.

Parfois, l'émotion engendrée est telle – elle peut l'être aussi par un fabuleux paysage – qu'elle submerge sur le moment toute autre sensation, supprime même les douleurs de l'âme et du corps, subvertit la pensée et provoque une sensation de félicité indépassable quoique, hélas, transitoire. On est là dans la rencontre du sublime, Dewi en fait l'expérience lorsqu'elle visite pour la première fois en touriste la mosquée de Kairouan. Aussitôt entrée dans la grande cour rectangulaire dallée de marbre, encadrée de portiques et inondée d'un soleil dont la lumière vive est réfléchie par les différentes tonalités de la pierre ocre, elle est prise d'une sorte de vertige. Son regard balaie la succession de colonnettes doubles et de chapiteaux romains et byzantins réutilisés, réunis par des arcs de plein cintre, leur rythme la fait chavirer. Elle est bientôt fascinée par la haute et large arcature du portique central mise en valeur par deux autres plus étroites qui, dans l'axe du *mihrab*, font face au minaret de l'autre côté de la cour. Cette sorte d'arc de triomphe antique que surmonte en retrait la coupole d'une élégance parfaite l'attire irrésistiblement, elle en emprunte le chemin et pénètre dans la large salle de prière. Ses dix-sept nefs et les huit travées qui les recoupent forment une somptueuse structure pleine d'ombre et de clarté dont les lignes régulières vibrent lentement dans l'atmosphère colorée des tapis et des lustres. Dewi est enivrée par l'exubérance des motifs géométriques et floraux taillés dans le marbre fin du *mihrab*, à l'extrémité de la nef centrale, et dans les bois précieux du *minbar*. J'ai pour ma part ressenti une impression similaire le soir du 4 juillet 2013, alors que je faisais étape à Conques au cours de ma première traversée diagonale du pays. Ce soir-là à vingt et une heures, la clarté d'une journée sans nuages n'est plus que résiduelle mais semble progressivement compensée par celle d'une pleine lune qui se lève si bien que les halos jaunes des lampadaires, encore inutiles, apparaissent dilués dans la luminosité ambiante. Je suis adossé dans l'abbatiale Sainte-Foy à l'une des colonnes de la nef latérale nord, que surmonte à la hauteur des tribunes un chapiteau sculpté qui illustre l'arrestation de la jeune sainte patronne par les soldats romains. La lumière résiduelle du soleil déclinant se combine à celle de la lune encore basse à l'est sur l'horizon et de l'éclairage électrique de la cité, elle pénètre avec parcimonie dans l'abbatiale, sinon sombre, à travers les vitraux translucides, par endroits spumeux, de Pierre Soulages pour balayer comme au pinceau les sculptures des chapiteaux par de faibles faisceaux irisés qui en soulignent certains motifs et accroissent les reliefs. C'est alors que s'élève sous les hautes voûtes du sanctuaire le son de l'orgue auquel joue comme tous les soirs le frère prémontré Jean-Daniel. Il est accompagné cette fois par un trompettiste virtuose de passage. Les lieux, la magie de l'obscure clarté composite transformée par son passage à travers le verre élaboré des vitraux voulu par l'artiste et créé pour lui, les sculptures de pierre caressées par cette lumière étrange, le dialogue entre les deux instruments dont le son se répand comme un voile léger en glissant sur les murs, entoure les colonnades puis est renvoyé vers le bas après avoir parcouru le berceau de la voûte, tout cela me sidère, ma gorge se serre, mes yeux s'embuent, je tremble légèrement. La conscience du caractère éphémère de cette épiphanie constitue la seule limite à l'impression de bonheur qui m'envahit. De nombreux pèlerins sont présents aussi dans l'abbatiale, ils subissent sans doute le même orage émotionnel puissant et serein que moi, comme lorsque, après une chaude journée d'été, le ciel de la nuit s'embrase d'éclairs dans un air immobile. Cette pensée que communient ce soir dans la même extase ceux qui croient au ciel et ceux qui n'y croient pas contribue à accentuer encore l'empreinte définitive laissée en moi par ces trop brefs instants privilégiés. Dans ces moments où nous faisons l'expérience du sublime, dans la richesse des sensations et des émotions dont nous garderons la trace, Dewi et moi, tout le monde j'imagine, nous nous sentons pleinement heureux et humains.

La vie spirituelle et religieuse

Dewi fait partie d'une famille musulmane modérée et éclairée, ses traditions et pratiques relèvent du soufisme. La promotion des femmes n'y rencontre pas d'obstacles insurmontables, chacun partage la conviction que seule une lecture métaphorique des textes sacrés est légitime. La spiritualité tient du domaine individuel, sa mystique a toujours eu une dimension esthétique et poétique. Étudiante à Djakarta, Dewi a fréquenté la grande mosquée située près de la cathédrale, femmes et hommes peuvent y prier ensemble. Ensuite aux Pays-Bas, aux États-Unis, en Suisse, elle n'a jamais éprouvé de contradiction entre sa foi religieuse, des pratiques qu'elle observe sans excès, et sa fulgurante aventure scientifique. Comme de nombreux croyants, elle est intimement persuadée que si les femmes et les hommes, créatures de Dieu, sont capables des prodiges qu'accomplissent les chercheurs, ingénieurs, techniciens, intellectuels et créateurs divers, qu'elle accomplit elle-même, c'est que Dieu leur en a donné la capacité et que c'est là le moyen de s'approcher au plus près de sa magnificence. Biologiste, elle est convaincue de la pertinence du modèle standard de l'évolution darwinienne, dans lequel elle ne décèle aucune contradiction avec sa foi. Dieu a voulu le monde, les femmes et les hommes, bien sûr, il les a imaginés à son image. Il lui fallait une méthode pour les faire apparaître, celle-ci procède de l'installation du cosmos, de la création de la matière, de l'assemblage des planètes et, sur l'une d'entre elles au moins, de l'apparition de la vie sujette d'emblée à la sélection jusqu'à ce que s'établisse la diversité des êtres et, finalement, les humains, ainsi que Dieu l'avait décidé et prévu. D'autres de ses collègues et amis ont une pratique plus contraignante de la religion, ou bien l'ont à l'inverse totalement délaissée, sans que cela apparaisse constituer un obstacle majeur à un développement personnel satisfaisant et maîtrisé dès lors qu'ils en ont décidé ainsi et conservent la

ÉPANOUIR

possibilité intellectuelle et civile de changer d'opinion, de religion et de rites. Après une longue période de recul des pratiques religieuses, en Occident et dans certains pays soumis à l'influence occidentale, la fin du XXe siècle et le début du XXIe siècle sont marqués à l'inverse par une vive reprise de la spiritualité et de l'observance rituelle, sous la forme de diverses religions et Églises traditionnelles (islam, judaïsme, évangélisme), ou bien émergentes certaines de ces pratiques franchement sectaires impliquent la soumission des fidèles à des gourous autoproclamés. L'un des ressorts de ce ressac est sans doute un certain désamour de beaucoup envers les promesses d'un progrès scientifique dont ils attendaient non seulement maintes découvertes remarquables qui ont en effet été réalisées, mais aussi un meilleur accès de chacun au bonheur. La science, la technique et la société matérialiste qu'elles alimentent ont atteint l'objectif d'améliorer la durée de vie et la santé des personnes, d'atténuer de beaucoup la pénibilité des tâches quotidiennes, chez soi et au travail, mais à un prix lourd : le perfectionnement des armes de plus en plus redoutables, la pollution généralisée, le changement climatique en rapport avec l'activité humaine, la compétition ressentie entre l'homme et la machine pour l'accès au travail, etc. En définitive, et sans doute en rupture radicale avec le sentiment des femmes et hommes depuis l'époque des Lumières et jusqu'à la fin des trente glorieuses, les adultes de notre temps sont majoritaires à craindre, dans les pays occidentaux au moins, que, malgré la poursuite impétueuse du progrès scientifique et technique, leurs enfants ne vivent moins bien qu'eux.

L'insatisfaction alors ressentie d'une logique matérialiste dont les perspectives en fin de compte déçoivent pousse sans doute certains des déçus de tous ordres à revenir en nombre aux aspirations antérieures à un bonheur plus en relation avec la vie spirituelle qu'avec la somme des satisfactions matérielles.

Il faut admettre que l'appartenance religieuse ne procède qu'à la marge du choix libre, elle est d'abord déterminée par les origines. Dewi pratique la religion musulmane soufie parce qu'elle est indonésienne, pays où domine un islam dont une quarantaine de millions de fidèles se réclament du soufisme et de sa tolérance. Née en Inde, elle serait plus probablement hindouiste, catholique en Pologne, peut-être matérialiste athée en Chine. Cependant, ce n'est là qu'un parmi d'autres des déterminismes qui se manifestent chez tout nouveau venu sur terre. Certains sont biologiques (les propriétés du corps, le sexe), d'autres sociaux (la caste en Inde, le niveau de richesse, etc.), d'autres encore culturels (la religion, la langue et la culture maternelles, etc.). Il est ensuite bien difficile et douloureux de changer les premiers, compliqué d'échapper aux deuxièmes, beaucoup moins aux derniers : on peut, en particulier, abandonner sa religion, en changer, se convertir, y devenir indifférent, sauf lorsqu'une ferme contrainte s'y oppose. La liberté humaine ne permet pas de réaliser tout ce à quoi une femme ou un homme est en état de rêver, elle se déploie lorsque la latitude existe d'habiter aussi confortablement que possible les réalités de son corps et de ses limites. Il n'est cependant pas interdit, lorsque l'évolution des techniques permet de l'envisager, de s'en affranchir, dans le respect de la valeur et de l'intérêt des autres, enfants et adultes des générations actuelles et à venir. La liberté implique en revanche d'être incité à briser le carcan des prisons socio-culturelles qui emprisonnent encore tant de nos semblables et de conquérir les moyens d'y parvenir. C'est pourquoi tout autre système que celui de la plus stricte liberté religieuse, celle de croire ou de ne pas croire, est défavorable au développement autonome d'un être. J'ai pour ma part été élevé dans la religion catholique, dont j'ai assidûment partagé la foi et observé les rites jusqu'à l'âge de quinze ans, avant de connaître une évolution rapide, en quelques mois, vers un « agnosticisme » radical dont je ne me suis jamais départi ensuite. J'entends ce mot dans le sens d'une indifférence absolue à l'idée d'un Dieu et d'une transcendance dont je ne vois nulle nécessité de faire l'hypothèse. Si ma mère n'avait elle-même été une femme de traditions, convictions et pratiques catholiques, mon évolution aurait pu être symétriquement inverse tout en manifestant la même autonomie. J'ai par la suite poursuivi le dialogue intellectuel avec des femmes et hommes de foi, de différentes religions. Je me rappelle en particulier le visage rayonnant de sœurs et de frères de Jérusalem qui m'avaient demandé de venir les entretenir à Vézelay, un week-end durant, de l'embryon humain. Je n'ai jamais douté qu'ils expriment à travers un engagement liturgique et charismatique qui m'est étranger une liberté authentique, qu'ils aient emprunté la voie de l'épanouissement qu'ils avaient librement choisie. Libre à elles ou eux d'en changer.

J'ai un autre souvenir fort de mes contacts avec des communautés religieuses. Je vais depuis des années donner des conférences dans une abbaye « séculière » dont les sœurs, maintenant presque toutes âgées, ont reconverti leur établissement en hostellerie, lieu de séjours et de retraites, centre de conférences. Je me suis pris d'une réelle affection pour ces femmes intellectuellement ouvertes et généreuses. L'une d'entre elles est entrée dans les ordres depuis plus de soixante-cinq ans, je me suis entretenu longuement avec elle de nos visions respectives de la transcendance et de l'évolution possible du rapport à la foi tout au long d'une vie, en particulier d'une existence monastique. Selon mon analyse déjà résumée, l'évolution a doté *Homo sapiens* de potentialités mentales aptes à se développer dans l'intersubjectivité humaine. Parvenu à un certain niveau d'entendement, cet être a été confronté à la certitude de la mort et à l'épouvante qu'elle est susceptible d'engendrer. Il a perçu le chaos du monde, auquel il lui a été nécessaire de fournir, plus de cent mille ans avant l'avènement de la rationalité scientifique, un principe explicatif. Ce dernier a été le monde magique, celui des esprits, bien avant Dieu lui-même. Le trépas a pu alors être rendu plus tolérable dès lors que l'homme l'a imaginé correspondre au passage d'un état de l'être à un autre, du monde des vivants à celui des esprits où, félicité suprême, on s'intégrera au sein des ancêtres tant fêtés durant la vie terrestre. La sœur est consciente de ce que, fille issue d'une famille nombreuse très catholique, son entrée à vingt ans dans les ordres n'a certes pas été contrainte mais recèle plus de déterminisme que d'exercice de son libre arbitre. Néanmoins, elle a habité sa fonction et s'est efforcée de justifier, peut-être *a posteriori*, sa « vocation ». Femme profonde et d'une vive intelligence, elle a sans difficulté trouvé dans le dévouement aux autres, le développement de son amour pour eux, la justification de sa vie religieuse. Sur le plan spirituel, elle a, au fil des décennies, consolidé la conception d'un Dieu tout intérieur qui recouvre ce qui alimente sa disponibilité à l'autre, sa foi en l'homme, la flamme qui en maintient la chaleur, le frémissement de tous les instants. Elle l'aimerait au cœur de chacun comme il palpite en elle-même. Je l'ai cependant sentie pleine d'interrogations sur tout ce qui relève de l'extériorité de Dieu, de sa manifestation en dehors de l'âme humaine. Je n'ai bien entendu cherché en rien à convaincre la sœur, comme elle n'a pas cherché à me ramener dans le giron de l'Église : nos visions, à elle femme de foi et à moi qui ne l'ai plus, baignent dans une atmosphère de compréhension mutuelle aisée. J'accepte l'idée d'un Dieu qui rayonne dans l'esprit et le cœur de ceux qui l'y placent, ce n'est pas mon cas. Cependant, je n'ai aucun jugement à porter sur la vie intérieure d'autrui et n'admets pas qu'il juge la mienne. Le cadre optimal de mon épanouissement agnostique et de celui empli de spiritualité de Dewi, des religieuses que j'ai citées et de tant d'autres croyants est la tolérance, en particulier, selon moi, dans le corpus qui s'est développé en France sous le nom de laïcité.

La laïcité

La succession des attentats commis par des terroristes qui se réclament d'un islamisme radical et la compétition politique ont ramené le principe de laïcité au centre du débat public, qu'il n'a en fait jamais complètement quitté depuis plus d'un siècle dans notre pays. Il faut reconnaître que c'est là une spécificité de la République française, on rencontre peu dans le monde de systèmes qui y soient aussi attachés que le nôtre. Israël est un État juif, la reine de Grande-Bretagne est la plus haute autorité religieuse de son pays et le président des États-Unis d'Amérique prête serment sur la Bible. La tolérance religieuse est cependant constitutionnelle dans tous ces pays. Certes, le concept de sécularisation du domaine public et sa séparation de celui des religions a été discuté depuis l'Antiquité gréco-latine et se trouve au centre de la pensée de John Locke, l'un des pères fondateurs du libéralisme politique au XVIIe siècle. Cependant, l'importance de la question religieuse durant la Révolution française et les luttes continuelles entre la droite cléricale et la gauche républicaine qui ont marqué l'histoire nationale depuis ont laissé en France une trace spécifique, dont témoigne la loi de 1905 sur la séparation de l'Église et de l'État. L'étymologie du mot laïcité renvoie en fait au langage des Églises, qui différenciaient les clercs, les croyants instruits en théologie et les laïcs, c'est-à-dire les profanes dont la pensée « commune » ne fait pas référence au fait religieux. À noter que, dans cette acception remontant au moins au XIIIe siècle, les laïcs ne sont nullement incroyants, cela eût été à l'époque peu concevable.

Le programme du Conseil national de la Résistance et la IVe République qu'il inspire sont bien sûr en France laïcs dans le strict respect de la loi de 1905. L'article premier de la Constitution de 1946 stipule que « la France est une république indivisible, laïque, démocratique et sociale ». Cet article sera repris dans la Constitution de 1958 établissant la Ve République. C'est au nom de ces principes que seront menés, depuis son avènement, les grands combats pour le respect de la laïcité dans le domaine scolaire. Plus près de nous, deux tendances contraires, la seconde en partie en réaction à la première, remettent en cause la notion même de laïcité à la française : une offensive religieuse et une réaction intolérante. La religion musulmane n'établissait pas plus à ses origines de différence affirmée entre les autorités politiques et religieuses que les autres religions, en particulier chrétiennes. Cependant, ces dernières ont peu à peu admis la dualité des pouvoirs, temporel et spirituel, sous l'influence successive du gallicanisme, de la philosophie politique du libéralisme, de l'esprit des Lumières, de la Révolution française et, au XIXe siècle, du progrès des différents courants socialistes. En terre d'islam, en revanche, la religion musulmane est presque partout désignée comme celle de l'État, et la seule tentative d'y créer une république laïque, en Turquie, est aujourd'hui remise en cause. Les tentatives qu'a connues l'islam de s'en tenir à une interprétation métaphorique des textes, dont celles des différentes formes de la pensée soufie, ont abouti çà et là dans l'histoire du monde musulman à l'institution d'une authentique tolérance religieuse et à une claire différenciation de l'État et du religieux. Cependant, ce ne sont pas ces courants qui l'ont aujourd'hui emporté. La vigueur du salafisme, pratique fondée sur le wahhabisme et son interprétation littérale des écritures saintes de l'islam, illustre ce nouveau rapport de force. La soumission revendiquée des lois civiles à la charia en constitue un élément spécifique dont la manifestation partout dans le monde est en contradiction violente avec les valeurs de la république indivisible, laïque, démocratique et sociale. À un niveau moindre mais encore significatif, le vif débat de 2012 et 2013 qui a opposé en France les partisans et les adversaires de la loi sur le mariage entre personnes de même sexe a donné le spectacle d'une évidente violation des règles de la laïcité par les Églises, et surtout par l'Église catholique. Celle-ci était dans son droit en donnant son avis sur un projet de loi concernant un contrat civil, au même titre que tout groupe de citoyens. En revanche, la mobilisation en masse des fidèles à partir des lieux de culte eux-mêmes, l'affrètement d'autocars pour transporter à Paris des centaines de milliers de manifestants dispensés pour l'occasion de messe du dimanche, étaient bien singuliers alors que la loi contestée ne concernait en rien ni la liberté de pratique religieuse ni l'institution du mariage chrétien.

En sens inverse, l'assimilation de la laïcité à la promotion de l'athéisme est un évident contresens, puisqu'elle possède au contraire la signification d'une complète neutralité de l'État en matière de croyance ou d'incroyance. Si l'on entend par « anticléricalisme » l'opposition au pouvoir séculier des clercs, la laïcité l'implique certainement. En revanche, elle ne manifeste aucune hostilité de principe envers les officiants et croyants divers qui exercent leurs cultes dans la sphère privée et s'interdisent tout prosélytisme qui contredirait l'impartialité de l'État. *A fortiori*, certaines attitudes qui font aujourd'hui polémique sont à assimiler à une simple hostilité envers les fidèles de la religion musulmane et tournent en fait le dos aux valeurs que recouvre la laïcité, celles de l'ouverture et de la tolérance, en d'autres termes de la liberté, de l'égalité et de la fraternité. Par exemple, l'interdiction du voile à l'école ou dans l'exercice d'une fonction publique se justifie au nom de la neutralité et de la préservation des enfants de tout prosélytisme agressif. La contradiction entre l'égalité des citoyens et l'obligation faite par certains aux femmes de sortir couvertes d'un linceul a abouti aux dispositions sur le port de la burqa ou autre forme de voile intégral. En revanche, contrevenir au principe qui permet à des adultes de suspendre librement à leur cou, notamment à l'université, une chaîne soutenant une médaille religieuse, une croix, une étoile de David, un croissant, de porter un turban, un foulard ou une kippa sur la tête, n'est en rien une exigence de la laïcité. De même, décider brusquement que l'on supprimerait la possibilité de tout temps laissée aux enfants d'un certain choix dans leur alimentation pour imposer à tous de manger du porc – ce que certains ne feront jamais – s'apparente à une vexation antimusulmane (et antijuive par ricochet) et certes pas à l'application des principes de la laïcité. Selon la laïcité, dont l'article premier de notre Constitution fait un pilier essentiel de la République française, les différents courants de pensée et les religions constituent des espaces où se déploie, dans le respect des autres, la liberté individuelle. Chacun de ces courants d'opinion, chacun de ces cultes peut être dépositaire d'une sagesse et d'une richesse singulières dont la connaissance est susceptible d'enrichir tous les membres de la société. Pour autant, l'espace public, en tant qu'il procède de cette diversité d'opinions, ne reconnaît aucune supériorité à l'une ou l'autre de ces analyses. En particulier, aucune religion ni aucun des courants de la libre-pensée n'est légitime à revendiquer une supériorité morale sur les autres, ils contribuent seulement dans leur diversité à un débat public et démocratique d'où doivent émerger les règles de la république.

Selon cette vision, la différence des points de vue et des propositions est source plurielle d'enrichissement individuel et collectif ; elle contribue par conséquent au débat d'où émergent les normes que se fixe un État laïc. Les apports des différents courants de pensée et de leurs tenants sont accueillis avec une curiosité attentive. Ce sont des pièces significatives de l'édification du corpus des valeurs de la république laïque. Toute stigmatisation, dénonciation, tout rejet d'une source particulière de sagesse et de traditions sont ainsi exclus comme l'est la haine à l'encontre des fidèles de ces religions et disciples de ces écoles intellectuelles. Une pareille ouverture n'est point laxisme, elle ne peut tolérer l'irruption dans l'espace public d'une idéologie d'exclusion des autres ou d'un autre. Combattre un tel danger qui menace la république laïque est légitime et doit recourir à l'ensemble des moyens de l'État à partir du moment où ils demeurent fondés sur les valeurs que je viens d'énumérer. À ces conditions, et à ces conditions seulement, la laïcité est en effet synonyme de paix, elle implique l'ouverture aux autres et la tolérance vis-à-vis de leurs opinions et pratiques. Dewi, les fidèles des autres religions, mes amies les sœurs, les libres-penseurs et autres athées et agnostiques comme moi y sont pleinement à leur place.

ÉPANOUIR

Penser

La recherche scientifique est à ce point un domaine dans lequel la pensée est motrice que mon héroïne Dewi n'est guère inquiète d'une menace qui pèserait sur elle. Son succès tient avant tout à sa capacité à prendre connaissance des informations et données, et de distinguer les plus pertinentes et significatives d'entre elles en faisant appel aux traces mentales laissées par ses études et travaux antérieurs. Elle démontre alors une étonnante adresse pour réarranger tous ces acquis en son esprit de sorte qu'ils suggèrent, éclairés par ses résultats et connaissances antérieurs, des hypothèses qu'il lui revient alors de vérifier afin de les confirmer ou de les infirmer. Dewi connaît peu de rivaux quant à son habilité et son originalité à imaginer les protocoles expérimentaux les plus décisifs, puis à sa perspicacité à en analyser la signification. La puissance de sa pensée, sa maîtrise de la main qui exécute les expériences, bientôt la justesse de son appréciation des potentialités des collaborateurs qu'elle se choisit, font d'elle une chercheuse d'exception. Pourtant, le statut de la pensée, au moins d'une pensée libre et créatrice, n'est de nos jours peut-être pas aussi assuré que l'imagine Dewi. Les femmes et les hommes de notre temps sont connectés en permanence, aux grands médias et par l'intermédiaire des ordinateurs, téléphones portables et autres tablettes. Ils sont bombardés sans répit d'informations et de sollicitations auxquelles ils sont amenés à réagir. Après nous être justement félicités d'être passés d'un stade de l'impuissance à celui de l'action, n'en sommes-nous pas plutôt aujourd'hui à celui de la réaction ? Certes, celle-ci recèle aussi des potentialités créatives, mais qui ne dispensent pas, cependant, de donner le temps nécessaire au déploiement d'une pensée moins sollicitée, plus intérieure et libre. Or ce temps n'est le plus souvent pas saisi même lorsque la possibilité en est offerte. Les voyages sont en principe propices à une certaine divagation de l'esprit, auquel on laisse les rênes longues. Pourtant, dès qu'ils sont assis sur les sièges des trains et avions qui les conduisent en mission ou en vacances, les femmes et les hommes de notre temps sortent bien vite, dans les pays dits développés, leurs appareils portables et pianotent sans repos jusqu'à l'arrivée. Je leur trouve des circonstances atténuantes : les standards de l'entreprise moderne exigent une pareille disponibilité de tous les instants, l'offre exubérante d'information rencontre mécaniquement un marché croissant et, enfin, les « machines à penser » deviennent jour après jour plus intimidantes.

Personne ne doute de ce que les outils informatiques jouent dans l'évolution humaine le même rôle qu'en son temps l'écriture, voire l'acquisition du langage. Longtemps, cela est apparu constituer une aide inestimable à la pensée, libérée d'avoir à retenir des masses de données maintenant accessibles d'un clic, d'aller les consulter à travers la ville ou le monde, dans les grandes bibliothèques, les musées, etc. Le penseur, le scientifique, l'écrivain n'ont-ils pas toutes les raisons de se féliciter d'avoir accès à la plupart de ces informations depuis leurs ordinateurs et autres appareils mobiles ? Cependant, les progrès de cette

« société de l'information et de la communication », selon le terme consacré, sont si rapides, la croissance exponentielle de la performance de ses machines est si vertigineuse, que la question a émergé : la pensée humaine y gardera-t-elle une place ? Cette question est d'abord apparue saugrenue, décalée par rapport à l'évidence que ce qui se créait était fruit de l'intelligence humaine et devait contribuer à la nourrir. Pourtant, il n'est maintenant plus possible de s'en tenir à ces considérations rassurantes, la combinaison de la quantité presque illimitée de données qu'il est possible de stocker, l'utilisation d'algorithmes de plus en plus performants et les développements de l'intelligence artificielle peuvent à raison intimider même les intellectuels les plus confiants en leurs capacités. Le plus vexant pour l'esprit humain est la puissance du nombre en lui-même, la prise de pouvoir du quantitatif sur le qualitatif. C'est déjà une telle notion qui explique les capacités en principe sans limite du langage informatique. Comme le morse jadis, ce langage ne possède que deux lettres, point et trait dans le premier cas, zéro et un dans le second, dont la seule supériorité sur le morse de l'ancien temps réside dans le nombre et le flux possibles de signaux émis. Jusqu'il y a peu, la supériorité en tout de la créativité intellectuelle du cerveau humain sur la force brutale de calcul d'un appareil ne faisait de doute pour personne dès qu'il s'agissait d'opérations requérant quelque subtilité. Tel n'est plus le cas, le *big data* est en passe de l'emporter dans un nombre croissant de domaines sur la plus souple et brillante des réflexions stratégiques. Dewi et moi avons vécu cela dans notre métier de chercheurs en biologie, moi surtout dans le champ de la génétique. Au début de notre carrière, l'ingéniosité était reine pour trouver des moyens aussi parcimonieux que possible d'identifier des mutations géniques, d'isoler les fragments recherchés de gènes à partir de « banques », c'est-à-dire de les cloner après les avoir intégrés au hasard dans d'immenses collections bactériennes. Plus rien de tout cela n'a cours aujourd'hui, les machines séquencent en un tour de main tout l'ADN, trouver l'aiguille dans une meule de foin a cessé de poser le moindre problème puisque nous possédons la technique nécessaire pour l'explorer à toute vitesse brin par brin. La même observation vaut pour le jeu d'échecs. Une machine capable de prédire les conséquences à terme de la totalité des coups possibles en fonction des réactions de l'adversaire dix à vingt coups durant, soit sans doute des milliards de possibilités, serait imbattable, elle l'est déjà presque, les grands maîtres ne pourront demain qu'en être en effet intimidés.

Au moins, pensera-t-on, les mystères de l'âme humaine échapperont-ils toujours à la force brutale du nombre. Fatale illusion, hélas, la stratégie totalitaire des groupes majeurs qui offrent des services informatiques, Google et Facebook, en témoigne. Par l'intermédiaire des réseaux sociaux, des messageries, des agendas électroniques, de Google Earth capable de détecter les aménagements des propriétés, de la mémoire conservée de l'utilisation du commerce en ligne et de la consultation des sites innombrables à l'aide des moteurs de recherche dont ces groupes détiennent la quasi-exclusivité, de la localisation permanente de tous les détenteurs de portables, de leurs appels téléphoniques et SMS, de l'informatisation des données médicales, ceux qui savent stocker des milliards de milliards de ces données[1] et, grâce à l'emploi d'algorithmes puissants, sont capables de réaliser les recoupements pertinents et de les extraire à volonté acquièrent sur chacun un pouvoir formidable. Sans recourir à des moyens illégaux, à l'espionnage individuel généralisé envisagé par Orwell dans son *1984*[2], bien plus efficacement en fait que *Big Brother* imaginé par l'auteur, les maîtres modernes du big data, des réseaux sociaux et de l'informatique en ligne savent ce que sont les gens, ce que veut individuellement chaque consommateur, ses opinions et préférences sexuelles, ses loisirs et hobbies, habitudes et fantasmes, son état de santé, tout, en somme, au-delà même de ce qu'il sait sur lui-même. Cette espèce de sport numérique d'un nouveau genre porte un nom : l'analyse prospective. Or, bien entendu, quiconque sait tout d'un autre, peut prévoir ses actions et réactions, les orienter et manipuler a largement pris le pouvoir sur lui. Parallèlement, les perspectives offertes par l'intelligence artificielle font entrevoir un usage de mieux en mieux adapté de ces données massives, les erreurs ou simples hésitations initiales étant peu à peu améliorées grâce à la capacité qu'ont ces dispositifs d'apprendre de leurs expériences passées, d'interagir entre eux pour échanger ces savoirs nouveaux. Les chercheurs d'ancienne manière en sciences sociales chargés jadis de conduire des enquêtes dans le but de prédire les choix et goûts des consommateurs

---

1. On évalue à quarante mille milliards de milliards d'octets le volume mondial total des informations qui seront stockées en 2020.
2. G. Orwell, *1984*, Gallimard, 1950.

ont de quoi se montrer impressionnés, ils ne font plus le poids ! L'analyse des achats, comportements et autres activités des femmes en début de grossesse permet, par exemple, de détecter quatre-vingt-quinze pour cent des femmes enceintes dans la population générale et d'inonder dès lors les futures mères de publicités et offres calibrées en fonction de l'étude initiale. En définitive, privés du temps nécessaire à la réflexion non contrainte par des sollicitations incessantes, intimidés par la puissance phénoménale des outils modernes de l'informatique, nos concitoyens pourraient bien être de plus en plus empêchés et dissuadés de penser. Et pourtant, comme Dewi et même si je ne partage pas sa quiétude sur ce point, je n'imagine pas une humanité sans espace suffisant préservé pour le vol libre de la pensée, tout d'abord au plan de la construction de soi, et aussi de la vie sociale. En effet, l'échange entre humains recourt pour une part à une pensée originale, ou bien est insignifiant et perd ses vertus édificatrices. Les algorithmes fondés sur les statistiques à l'heure des big data permettront sans aucun doute de prévoir à terme plus de quatre-vingt-quinze pour cent des comportements individuels déjà évoqués. Pourtant, c'est sans doute dans la marge d'imprévisibilité que réside l'essentiel de la richesse de l'esprit humain, là où s'épanouit le génie de Dewi. L'interaction avec des êtres de raison et de passion ne me semble pas pouvoir être remplacée par le seul contact avec des machines, aussi intelligentes soient-elles, pour qui aimer, haïr, s'émouvoir, le ressentir avec son corps, le manifester par la rougeur de son front, l'éclat de son regard, les contractions de son ventre, la moiteur de ses paumes et de ses aisselles, l'accélération de son cœur, la stimulation de son sexe ne consiste au mieux qu'à l'exécution d'un programme déconnecté de ce qui tient lieu ici d'opération mentale. Par ailleurs, le plus original de la créativité doit sans doute beaucoup à ce grain de fantaisie, de folie, au cœur de nous-mêmes et sera probablement bien difficile à modéliser dans la machine. Il nous faut donc continuer à penser, s'en donner le temps et en créer les circonstances les plus favorables. La marche en offre l'une des occasions privilégiées.

Marcher et penser

Un être humain mange, boit et respire, il en va de sa survie. Il voit aussi, entend, sent, interprète et marche ; il peut ne pas le faire, on le dit alors handicapé. Marcher est par conséquent une activité naturelle, répétitive comme l'est le fait de respirer. Pas plus que ce dernier, elle n'est exclusive ; non seulement elle laisse le champ libre à la pensée, mais aussi la stimule, voire lui est nécessaire. Nietzsche répondait à Flaubert qui affirmait ne savoir écrire qu'assis (ce qui est *stricto sensu* peu contestable...) : « Les grandes pensées ne nous viennent qu'en marchant. » Après les cyniques dans la Grèce antique, Rousseau et tant d'autres font la même analyse que Nietzsche. Les hommes de foi, les pèlerins de tout temps, ceux de La Mecque et de Jérusalem jadis, des sanctuaires hindouistes, bouddhistes ou autres, de Compostelle aujourd'hui plus que jamais, marchent non seulement pour faire de leurs efforts une offrande à l'objet de leur culte, mais aussi et surtout pour se préparer intérieurement à le célébrer une fois parvenus au sanctuaire. À l'extrême, le désir de faire le bilan de sa vie et d'enrichir son univers intérieur persiste seul, on l'observe chez maints jacquets modernes plutôt agnostiques. Déambulatoires et cloîtres jouent dans les monastères et les églises la fonction essentielle de lieux privilégiés de la réflexion et de la prière solitaires. Si la marche est de manière si évidente propice au déploiement de la pensée, ce n'est bien entendu pas seulement parce qu'elle évite la somnolence qui guette sinon le penseur solitaire affalé dans son fauteuil ou allongé sur son lit. Elle est aussi l'occasion de maintes stimulations, perceptions qui engendrent des impressions et suscitent des émotions. Elle est d'abord le moyen d'« aller vers », lentement, sereinement, de prendre son temps pour contempler, échanger et penser. Lorsque le Mahatma Gandhi entreprend sa longue « marche du sel », comme les prophètes jadis et Jésus de Nazareth lui-même arpentaient les territoires, c'est pour se rendre au-devant des gens, témoigner de sa détermination, les convaincre sans précipitation, se mettre à leur pas pour les engager à le suivre. Cette fonction de la marche demeure, j'en puis témoigner. J'avais l'intention lors de mes deux traversées solitaires et pédestres du pays en diagonale, en 2013 et 2014, de rencontrer et échanger avec des gens issus des différents territoires parcourus. Cela faisait des siècles que personne n'était sans doute allé de la sorte, mû par la seule force motrice de ses jambes, à leur rencontre. Il en a résulté une surprise génératrice de curiosité qui s'est révélée engendrer une disponibilité singulière. Je suis persuadé que mes contacts avec les centaines de femmes et d'hommes rencontrés eussent été moins riches si je les avais rejoints à l'aide des moyens de transport rapides et modernes.

Dewi elle-même a besoin de se ressourcer dans la campagne, j'ai dit son attachement, lorsqu'elle peut y retourner, aux promenades sur les bords du fleuve Kumai où elle est née. Comme tout chercheur, on la voit souvent d'abord plongée à son bureau dans l'analyse des résultats, la rédaction d'un article scientifique, la conception d'un nouveau protocole expérimental, puis se lever brusquement et se mettre à déambuler dans les couloirs du laboratoire. Butant sur une difficulté, elle en a besoin pour réfléchir autrement, avec plus de liberté, sinon d'intensité. Arthur Rimbaud, le poète emblématique des Ardennes, dans lesquelles j'ai commencé à marcher en mai 2013, a déclaré : « Je est un autre. » Il est en particulier le partenaire du dialogue intérieur qui occupe la journée du marcheur hors des périodes où la difficulté et les dangers du terrain mobilisent toutes les pensées. Il s'agirait sinon d'un monologue, exercice solipsiste bien pauvre et décevant. L'« autre » avec lequel dialogue le chemineau solitaire peut trouver son inspiration dans la beauté des spectacles de nature observés, dans la magnificence des monuments. D'autres fois, lorsque je marche seul dans un environnement si répétitif que j'en arrive à ne plus le voir, l'« autre » qui est « je » semble alors puiser au hasard dans les innombrables images mentales stockées dans ma mémoire, et me les propose par brassées entières. Je les considère, en observe certaines avec plus d'attention, les retournant dans l'espace de mon esprit. Parfois, je jette mon dévolu sur l'une d'entre elles, l'examine attentivement. Elle éveille alors d'autres souvenirs, appelle d'autres images, de sorte que se dessine un tableau psychique sur lequel l'« autre » et moi deviserons quelques instants, quelques heures, la journée durant. Le processus est voisin dans l'esprit de Dewi lorsqu'elle cherche en marchant à résoudre un problème soulevé par ses recherches ou leur présentation, dans celui d'un écrivain quittant son ordinateur et le texte qu'il rédige pour mettre au clair une pensée, surmonter une contradiction logique, trouver une formule juste pour exprimer ce qu'il ressent. Dans tous ces cas, le penseur assis se lève pour deviser et échanger avec un interlocuteur en lui que le rythme du pas réveille et qui l'aide à considérer la question sous d'autres points de vue. René Descartes a écrit « *Cogito ergo sum* », « Je pense, (donc) je suis ». Sans entrer dans le débat philosophique quant à l'autonomie réelle du *cogito* et du « moi », il est peu contestable que personne ne peut douter d'avoir au moins l'impression de penser et l'illusion que cette pensée est sienne. Or aucune activité n'est plus proice à la pensée que la marche. C'est par conséquent avec assurance que l'on peut affirmer : « Je marche, (donc) je suis », même s'il est bien entendu possible d'être immobile, par choix ou handicap : il est tant de difficultés que nous pouvons surmonter !

Travailler

Chercheuse et enseignante, telle est la profession de Dewi. Elle gagne certes sa vie ainsi mais ne se sent pas du tout concernée par une interprétation littérale de la malédiction divine qui poursuit la première femme et le premier homme chassés du jardin d'Éden : « Eh bien ! par ta faute le sol est maudit. Tu auras beaucoup de peine à en tirer ta nourriture pendant toute ta vie ; il produira pour toi épines et chardons. Tu devras manger ce qui pousse dans les champs ; tu gagneras ton pain à la sueur de ton front jusqu'à ce que tu retournes à la terre dont tu as été tiré. Car tu es poussière et tu retourneras poussière » (Genèse, 1, 17-19). Adepte d'une lecture métaphorique des Écritures, la scientifique admet qu'il revient à l'homme de tirer sa subsistance de la terre, mais se félicite de ce que Dieu lui en ait donné les moyens, qu'il lui ait permis d'avancer malgré les épines et les chardons de l'existence. Elle vit au quotidien dans sa recherche scientifique combien chaque résultat doit se construire à la sueur de son front et exige un investissement total, mais consentirait ces mêmes efforts si, rentière, elle n'en attendait pas de quoi gagner son pain quotidien. Le métier de Dewi résulte d'un libre choix de vie, est une passion qui coïncide heureusement pour elle avec la satisfaction de ses besoins. Elle se trouve dans la même situation que l'artiste qui ne saurait être lui-même sans créer, sans composer de la musique, l'entendre résonner en lui, la jouer, sans peindre, sculpter, façonner, écrire, interpréter, mettre en scène, réaliser, bâtir, etc., et qui serait prêt souvent à vivre dans le besoin plutôt que d'y renoncer. L'artisan que satisfont tant la qualité, le goût et l'harmonie de ce qu'il fabrique, l'ouvrier et le cadre fiers de ce qu'ils contribuent à produire peuvent eux aussi trouver d'autres justifications à leur labeur que la seule nécessité de « gagner son pain ». Il en va de même de toutes les professions dont la dévolution directe à autrui est gage d'un possible renforcement de l'estime de soi : prendre soin, accompagner, soigner, sauver, enseigner, transmettre, etc. Parfois, enfin, la soif de puissance et le goût de l'argent constituent les motivations principales d'une activité harassante, nous y reviendrons. La gamme des professions qui ne sont guère vécues par ceux qui les exercent comme une malédiction est de la sorte et, de façon heureuse, extrêmement large.

Hors même tous les exemples évoqués où besoin et goût coïncident ou en arrivent à coïncider, le métier est le lieu privilégié de la socialisation, et cela pour deux raisons, l'une factuelle et l'autre de l'ordre de la soumission aux standards en vigueur. Dans une société où les autres formes de vie collective sont, à l'exception de l'engagement religieux et, parfois, humanitaire, en déclin, le bureau, le service et l'entreprise demeurent les lieux principaux de contact avec les autres. La convergence des tâches assumées leur confère le statut de collègues, facteur d'une proximité imposée qui peut aussi bien faciliter l'établissement de liens de convivialité, voire d'amitié, qu'exacerber les tensions d'une présence abhorrée. La place occupée par le cadre professionnel dans la vie des gens connaît une évolution paradoxale. La durée du travail hebdomadaire a jadis été bien plus longue qu'aujourd'hui, dans la France des trente-cinq heures, bien sûr, mais aussi ailleurs dans le monde. Pourtant, excepté peut-être dans le domaine de certains sports, l'engagement associatif laïc ne profite en rien de ce temps libre supplémentaire, il recule, à l'inverse, de façon inexorable. Terminée, la riche expérience des maisons des jeunes et de la culture, presque partout reconverties. Les jeunes délaissent aussi les associations culturelles, festives, syndicales ou autres, dont les cadres bénévoles vieillissent et se désolent de l'absence de relève. Les fanfares et pompiers municipaux, les mouvements humanitaires comme la Croix-Rouge ou le Secours populaire sont concernés par cette désaffection. Les temps, nous en reparlerons plus longuement, sont à la réalisation personnelle dans la maîtrise de son destin individuel, non plus à la réalisation de soi au sein du groupe, surtout si cela implique une activité bénévole. Toute tâche mérite salaire, pense-t-on sans doute, tout effort aussi, le bénévolat est assimilé à une manifestation de faiblesse, une manière d'exploitation. Il y a d'ailleurs là un paradoxe. Les critères économiques qui se sont imposés partout dans le monde depuis le tournant des années 1980[1] et les grands changements géopolitiques qui ont provoqué cela aboutissent à un assèchement généralisé de l'argent public et à une contraction globale du mécénat privé qui rendent encore plus indispensable l'appel au bénévolat pour remplir certains besoins essentiels aux gens mais malheureusement à court de financement. Or, dans le même temps, la déconsidération idéologique des valeurs collectives par la société issue des bouleversements de la fin du XXe siècle risque d'en tarir l'exercice. Il existe encore dans un pays tel que la France seize millions de bénévoles sans l'apport desquels notre société serait invivable. Pourtant, le renouvellement de ces bénévoles par les jeunes est de plus en plus difficile. Le lieu de

---

1. A. Kahn, *L'Homme, le Libéralisme et le Bien commun*, Stock, 2013.

travail et, pour les artisans et les professions libérales, le contact avec les clients deviennent par conséquent alors les derniers refuges de l'expérience d'une forme d'altérité élargie, la famille et la bande pouvant plutôt être assimilées à une altérité restreinte aux siens.

C'est pourquoi certaines évolutions des pratiques de gouvernance au sein des entreprises publiques ou privées, « pratiques managériales », dit-on dans le jargon, ont eu à la fin du XXe siècle de désastreuses conséquences – et toutes les leçons n'en ont, hélas, pas encore été tirées. Le dogme idéologique de l'individualisation forcenée des performances, la conviction selon laquelle tout succès véritable exige de chacun un engagement plein et entier dans une compétition et une confrontation générales, y compris avec les collègues, ont abouti au remplacement des projets et buts collectifs par la définition d'objectifs individuels dont l'accomplissement est apprécié par la hiérarchie en comparaison avec les résultats de tous les autres. De plus, l'exigence d'une implication totale dans la quête par chacun d'un niveau de performance au moins égal à celui fixé par le management a peu à peu gommé, pour les cadres moyens et supérieurs, la frontière entre le temps de travail et celui consacré aux autres formes de vie familiale et sociale. Le collaborateur se doit, *via* son téléphone mobile et ses ordinateurs, d'être relié en permanence à ses supérieurs et collègues, prêt à intervenir si besoin, à rédiger sans tarder telle note dont l'urgence ne supporte aucun délai et qui finira souvent à peine lue stockée dans les gigantesques mémoires des ordinateurs. De la sorte, l'ultime cadre, refuge, ai-je dit, de socialisation constitué par le lieu de travail salarié s'est-il ensauvagé, les rapports humains ont-ils perdu de leur convivialité pour laisser place à de dures relations de rivalité où personne ne se sent plus soutenu lorsqu'il se trouve en difficulté, les échecs étant sanctionnés d'une double peine : la mésestime de soi et une menace sur la progression dans l'entreprise, voire l'emploi. Non seulement les performances n'ont pas été au rendez-vous – quiconque connaît la dynamique de groupe aurait pu le prévoir –, mais la transformation du milieu professionnel en cirque où s'affrontent des gladiateurs a eu les mêmes conséquences que les combats de ceux-ci jadis : il y a eu des blessés et des morts, en l'occurrence une multiplication des effondrements psychologiques et états dépressifs sur lesquels les médecins du travail ont attiré l'attention, des suicides, aussi. Dewi, comme d'ailleurs tout chef d'équipe dans le domaine de la recherche, connaît bien les conditions dans lesquelles un groupe formé de chercheurs, ingénieurs et techniciens est en mesure de donner le meilleur de lui-même et de figurer dans la rude compétition internationale associée à leurs travaux. Les individualités se doivent certes d'être de la meilleure qualité, mais aussi, malgré, et même à cause, de l'intensité du travail, d'œuvrer dans l'atmosphère la plus propice à la sérénité et à la créativité. Certes en partie individuelle, cette dernière se nourrit pourtant toujours des échanges presque permanents avec les autres membres de l'équipe qui, solidaires, se sont pleinement approprié des objectifs partagés. La dérive des « dogmes managériaux » des dernières décennies du siècle passé n'a pas épargné certains laboratoires de recherche et a alors abouti aux mêmes résultats catastrophiques, raptus psychiatriques et contre-performances. L'observation est d'ailleurs générale et dépasse même le cadre de notre humanité. Président d'une université que j'ai été amené à conduire à l'autonomie dans une situation compliquée, j'ai eu tout le loisir de vérifier au sein de cet établissement de plusieurs milliers d'employés ce qu'étaient les plus sûres garanties du succès des différents services et équipes, confortant une expérience acquise dix ans auparavant à la direction scientifique d'un grand groupe focalisé sur le champ des sciences de la vie. Les vertus du respect et son efficacité supérieure à la contrainte quand on veut inciter un être à donner le meilleur de lui-même ne sont pas limitées aux humains. Sans faire là de comparaison douteuse, tout cavalier sait que c'est en demeurant attentif à sa monture et en obtenant son adhésion qu'on l'amène à se surpasser, et certes pas par la force brutale.

Outre le besoin de disposer de revenus pour vivre, le travail a acquis la dimension d'une norme sociale impérative dont le non-respect conduit à l'exclusion et à l'anonymat. Même les rentiers sans autre activité rémunératrice ne jouissent plus de la considération dont ils bénéficiaient du temps où l'oisiveté était la règle dans les classes dirigeantes, aristocrates, pensionnés et autres privilégiés de l'Ancien Régime, possédants balzaciens du XIXe siècle. Le chômage et la précarité qu'il engendre sont cependant à l'évidence les principaux facteurs d'exclusion sociale, puisque se combinent alors la rupture d'une norme, la marginalisation économique, l'éviction du cadre de socialisation qu'est l'emploi et bien souvent la honte, le mépris de soi. Aussi, devenir grand équivaut-il d'abord pour un enfant à se préparer à exercer un métier, qui

ÉPANOUIR

donne accès à la société des adultes et sans lequel il sera impossible de se réaliser. De la nécessité de travailler pour « gagner son pain à la sueur de son front », on est passé à la conception selon laquelle c'est là aussi une condition incontournable pour « être au monde », se révéler à soi. La pensée marxiste a contribué à faire du travail salarié une étape critique dans l'éclosion d'un niveau de la conscience qui amène le travailleur à percevoir son aliénation et le rend apte à la combattre. Cette pensée a peu à peu gommé le souvenir de toutes les situations où l'humanité des personnes a, semble-t-il, brillé hors du cadre du travail rémunéré. En contradiction avec la malédiction de la Genèse, François d'Assise, appelant ses fidèles à ne plus se soucier des biens terrestres et des moyens de se les procurer, cite la parole de Jésus : « Regardez les oiseaux du ciel : ils ne sèment ni ne moissonnent, et ils n'amassent rien dans des greniers ; et votre Père céleste les nourrit. Ne valez-vous pas beaucoup plus qu'eux ? » (Évangile selon saint Matthieu, 6, 26). Des cohortes d'ermites et d'anachorètes avant et après lui ont mené leur vie selon le même principe, auquel ont obéi toutes les sociétés de chasseurs-cueilleurs d'avant le néolithique. Une confusion s'est répandue entre, d'une part, l'obligation pratique de travailler pour gagner sa vie, les ressources de socialisation et d'épanouissement individuel qu'offre la pratique des métiers et, d'autre part, l'évidence que, chacun étant indissociable de ce qu'il fait, il ne peut vraiment être au monde s'il ne fait rien. Selon les deux premières propositions, il importe avant tout d'avoir un emploi, quel qu'il soit, alors que la troisième insiste surtout sur la nature de l'activité menée et la capacité d'épanouissement qu'elle recèle. Ces propositions sont en réalité toutes trois essentielles et on ne peut assimiler sans distinction les tâches assumées sous la seule contrainte de la nécessité, sinon répétitives, vécues comme pénibles et dont on rêve d'être déchargé à l'heure de sa retraite, à celles qui équivalent à la réalisation d'un projet de vie passionné et dont on craint avec terreur d'être privé un jour. Disons qu'on ne peut guère concevoir une vie humaine inactive et végétative tant pensées, projets et actions en sont des attributs fondateurs. Par ailleurs, puisque, selon Karl Marx, « l'homme c'est (aussi, ajouterais-je) le monde de l'homme, c'est l'État, c'est la société » (*Critique de la philosophie du droit de Hegel*, 1943), la possession d'un emploi rémunéré, indispensable sur le plan matériel, est également devenue une condition d'inclusion sociale, cadre habituel de l'épanouissement personnel.

3
Projets, ambitions et bonheur

Le sens de la vie

Dewi ne se pose pas trop la question du sens de sa vie tant il relève pour elle d'une évidence. Sa foi sincère, quoique dénuée de tout prosélytisme et s'exprimant à travers une pratique modérée et tolérante, a ancré en son esprit l'idée que Dieu a doté ses créatures de dons et de capacités qu'il leur revient de faire prospérer. Elle a alors pris conscience de son inlassable curiosité, de son aptitude à résoudre les énigmes dont le Créateur a parsemé la nature. Chaque fois que ses efforts et ceux de son équipe sont couronnés de succès, que les résultats obtenus éclairent le paysage des connaissances et du monde vivant pour en révéler des aspects auparavant ignorés, magnifiques et enthousiasmants, elle est saisie d'un vertige, d'une bouffée de bonheur incomparable. Elle a envie alors de chanter, de danser, elle le fait, parfois, avec ses collaborateurs. L'idée délicieuse de la quasi-toute-puissance que lui confère son esprit l'inonde, elle la refrène, bien sûr, mais il en reste une sensation délectable qu'entretiennent et ravivent sa notoriété croissante, l'admiration qu'elle lit dans les yeux de ses élèves et de ses interlocuteurs. Elle se veut modeste et le manifeste, elle l'est d'une certaine manière, pourtant cela accroît sans qu'elle n'y puisse rien son estime de soi et la satisfaction qu'elle en retire. Le développement de la recherche dirigée par Dewi fait entrevoir la perspective d'une avancée majeure dans le traitement des maladies et accidents du système nerveux chez ses semblables, c'est-à-dire chez d'autres créatures de Dieu, qui le veut ainsi puisqu'il lui donne les moyens d'y parvenir. Comment se poserait-elle, en effet, la question du sens de la vie tant il lui paraît si clairement indiqué ?

J'envie pour ma part ma collègue Dewi, non pas pour son triomphe que j'admire mais plutôt pour ses lumineuses certitudes. Je partage beaucoup de leurs énoncés ; cependant il m'a fallu passer par une phase de déconstruction radicale pour y parvenir. En effet, j'ai perdu toute possibilité de me référer à une présence transcendante dont la clarté en moi me montrerait sans ambiguïté la route qu'il me faut suivre. Comme celle de tout autre être vivant, la vie de l'homme n'a *a priori* pour moi aucun sens, elle n'a que des propriétés qui lui permettent de se perpétuer. Seul sur ce point au milieu d'un terrain accidenté, chacun d'entre nous est apte à se tirer souvent des périls qui le menacent, rien ne lui indique sinon la direction qu'il doit emprunter. Pourtant, j'en ai une particulière expérience, le marcheur solitaire dans cette situation ne restera pas longtemps à divaguer de-ci de-là, à aller et venir sans progresser. Tout dans son esprit le conduira à choisir pour les raisons

PROJETS, AMBITIONS ET BONHEUR

les plus diverses un chemin auquel, pour l'essentiel, il se tiendra ensuite. Ainsi en est-il du choix d'un itinéraire d'existence. Même si, comme je le ressens, la vie est en elle-même dépourvue de sens, ce que je suis devenu au terme de mon édification au contact des autres m'impose de répondre à la question du sens qu'il me faut quant à moi, parce que je le veux, lui imprimer. Il m'est en effet devenu impossible de ne pas vouloir. Comme je l'ai discuté dans le premier chapitre, beaucoup d'entre nous n'osent cependant plus expliciter les prescriptions de leur volonté tant ils craignent l'inutilité des efforts qu'elle les pousserait sinon à consentir. « À quoi bon si l'avenir est écrit par d'autres sur l'action desquels nous sommes impuissants ? » pensent-ils. Le sens de leur vie est alors celui défini par ces puissances qui les déterminent et qu'ils se sentent dans l'incapacité de contrarier, il ne leur reste plus, dans la marge de libre arbitre qui apparaît leur être concédée, qu'à s'inscrire dans la plus frénétique recherche de plaisirs à la poursuite d'un bonheur qui leur échappera toujours. Certains cheminent insouciants, confiants en leur boussole intérieure divine pour leur indiquer la bonne voie. D'autres encore préfèrent une soumission volontaire aux décisions d'une autorité extérieure à laquelle il leur suffira dès lors d'emboîter le pas pour s'engager fidèlement à sa suite sur toutes les routes qu'elle décidera d'emprunter. Il s'agit pourtant là d'une abdication, par peur ou timidité, du droit d'agir selon un libre arbitre gagné de haute lutte pour réaliser un projet que la raison présente à la volonté comme nécessaire, cela en contradiction avec l'injonction choisie pour titre de cet ouvrage : « Être humain, pleinement. »

Mais alors, comment l'agnostique que ne guide pas le phare de la transcendance peut-il trouver le bon cap ?

L'autre est, comme pour l'édification de soi, la seule référence solide pour parvenir à apporter une réponse rationnelle à la question du sens à donner soi-même à une existence qui en est dépourvue. D'abord parce que l'aspiration naturelle de chacun au bien-être et au bonheur ne peut aboutir dans la solitude stricte. L'amitié, l'amour, l'émotion et la joie partagés, l'attendrissement devant les enfants, la satisfaction ressentie de l'action bonne ne sauraient être solitaires. L'ermite isolé dans sa retraite a lui-même le plus souvent l'esprit hanté par autrui. Consciemment ou non, chacun d'entre nous, même l'individualiste forcené, cherche chez son prochain ce qui est nécessaire à sa satisfaction propre, altruiste ou égoïste. Le marquis de Sade lui-même, chantre du plaisir que l'on prend sans obligation de le donner, de la félicité possible dans le crime, reste totalement dépendant des autres ; même s'il les objective, il serait fort dépité de n'avoir à consommer que des objets véritables. Personne ne croit que, quoi qu'il ait écrit à ce sujet et même s'il n'avait pas été en butte à la répression de sa famille et des autorités, Donatien Alphonse François de Sade ait jamais connu un bonheur véritable, voire une vie apaisée ; il lui aura toujours manqué ce retour affectif des autres, dont il n'est pas aisé de faire son deuil. Même qui prend plaisir à être craint désirerait sans doute parfois être aimé. Qu'importe, la quête du divin marquis telle qu'il la définit et la justifie implique la consommation d'autrui, qui est, dès lors, une pièce essentielle de son système. Notre dépendance commune vis-à-vis de nos semblables, dans l'échange

PROJETS, AMBITIONS ET BONHEUR

réciproque au mieux, hélas parfois dans la consommation contrainte, voire la violence, nous amène très naturellement à la question de ce que nous investissons dans ce rapport, ce que nous avons à proposer ou à imposer. En bref, toute personne façonnée par ses contacts au sein d'un groupe humain est amené à penser à ce qu'elle aura à proposer, parfois à imposer, pour poursuivre une telle relation, sur laquelle continueront de reposer la satisfaction de ses aspirations et la poursuite de ses desseins. Or il revient à chacun de faire prospérer les aptitudes qu'il pourra investir dans leur réalisation. Il n'est pas possible de trouver de vertu morale ou de justification rationnelle au gâchis des possibilités dont on dispose. Il s'ensuit que quiconque est susceptible de fixer comme but à son existence le développement de ses dons. Il existe, certes, des systèmes qui tournent le dos au principe de réciprocité qui, selon moi, fonde la pensée morale. Cependant, telle n'est pas mon option personnelle et, selon les données très dominantes de l'histoire, de la philosophie et de la littérature, telle n'est pas non plus la voie la plus assurée pour accéder au bien-être et à l'impression de bonheur.

Être aimé par certains, être vu comme « quelqu'un de bien » par la plupart est bien plus efficace pour parvenir à ce résultat. Or l'amour implique le don réciproque, être pour autrui quelqu'un de bien revient à lui apporter ce qu'il apprécie, ce qui lui est utile, l'enrichit. Certes, l'amour en lui-même est un incomparable présent. « Quand on n'a que l'amour / À s'offrir en partage... », chante ainsi Jacques Brel. Pourtant, offrir son amour et, comme gage de celui-ci, s'efforcer de partager toutes les richesses, de cœur, certes, mais aussi d'esprit que l'on possède, n'est pas insignifiant. Il vaut mieux pour cela disposer soi-même de quoi investir dans cet échange plutôt que s'y engager le cœur pur mais l'esprit et les mains vides. En ce sens, les efforts accomplis pour développer ses dons et accroître ses aptitudes reviennent aussi à se préoccuper de tout ce que l'on pourra mettre à la disposition des autres, dont nous attendons tant. Je suis fasciné par le proverbe gitan affirmant que toute richesse qui n'est ni donnée ni partagée est perdue, et j'applique en particulier cette fière maxime aux biens de l'esprit. On le voit, je parviens en réalité à la même conclusion que Dewi, même s'il m'a fallu pour cela suivre un chemin plus tortueux que le sien.

Chercher, écrire, créer, transmettre

Pour moi, écrire est devenu un besoin ardent, une pièce centrale de mes projets qui participe, selon la proposition du paragraphe précédent, à cet enrichissement personnel dont la justification est la disponibilité des richesses ainsi accumulées pour quiconque désire s'en saisir. Dewi consacre pour sa part aujourd'hui l'essentiel de ses écrits à la présentation de ses résultats scientifiques à ses pairs du monde entier, comme c'était aussi jadis mon cas. La recherche possède en effet trois fonctions indissociables : trouver ; communiquer ce que l'on a découvert et la manière dont on y est parvenu à la communauté scientifique afin qu'elle s'en nourrisse pour progresser elle-même ; transmettre, enfin, ce que disent les données acquises et les conséquences qu'il est possible d'en prévoir aux étudiants – telle est la base de l'enseignement supérieur – et à qui peut être concerné ou seulement intéressé en dehors de l'univers académique. Les publications scientifiques et pédagogiques sont les outils principaux de la communication aux pairs et de la transmission au-delà de leur sphère, une recherche qui s'exonérerait de leur obligation serait absurde et socialement insignifiante. Il en va de même de n'importe quel artiste dont les œuvres ne pourraient jamais être vues par le public. C'est là une illustration particulière du proverbe gitan rappelé ci-dessus, créer des richesses artistiques, littéraires ou scientifiques sans les diffuser équivaut à les perdre. L'assimilation de la recherche scientifique à une forme de créativité connaît bien entendu des limites : les deux se nourrissent certes du corpus connu et créé par leurs prédécesseurs, mais seulement en tant qu'inspiration et influence dans le domaine des arts, comme un ensemble de données essentielles qu'il faut soit intégrer, soit préalablement invalider dans celui des sciences. De plus, l'acte créatif des artistes est libre, limité seulement par la possibilité que son résultat soit apprécié par au moins certains de ceux qui pourront l'observer, demain ou bien plus tard ; l'énoncé scientifique devra pour sa part en outre respecter une stricte rationalité et tendre à la vérité, il sera vérifié par les pairs, confirmé ou infirmé. Ces importantes différences n'empêchent pas la recherche en sciences exactes ou humaines de constituer un authentique acte de création, dont elle partage les critères distinctifs : l'inventivité ou l'originalité, c'est-à-dire la production d'objets intellectuels ou matériels possiblement beaux ou porteurs d'une probable vérité, qui ne découlent pas de la seule présentation de ce qui était auparavant connu mais nécessite l'intervention innovante de l'esprit humain. Aucune création n'est en mesure de nier toute influence, elle puise toujours dans le socle éducatif et culturel de l'humanité. L'art et la science peuvent être datés d'environ, respectivement, cinquante et cinq mille ans, ils sont de la sorte apparus près de deux cent mille ans après l'avènement d'*Homo sapiens* en Afrique. Cette émergence a par conséquent nécessité au préalable la constitution d'un socle culturel dont témoignent les signes évidents de progression des industries lithiques (puis métallurgiques il y a six mille ans), le développement des pratiques funéraires, le passage du paléolithique au néolithique, etc. Eka n'a pas accès à ce corpus constitué par « toute la suite des hommes depuis le cours de tant de siècles [qui] doit être considérée comme un même homme qui subsiste toujours et qui apprend continuellement » (Blaise Pascal, *Préface pour le traité du vide*, 1663, posthume) ; elle ne créera pas, elle ne le saurait vraiment jusqu'à son retour parmi les humains, les capacités mentales qu'elle pourra investir ensuite dans la création en limiteront sévèrement la portée.

Ses caractéristiques et conditions font à l'évidence de la création au sens le plus large, associée à la transmission qui lui est consubstantielle, un espace privilégié d'épanouissement d'une vie humaine. Elle mobilise le meilleur de l'esprit patiemment sculpté par l'éducation et les échanges au sein d'une communauté de semblables, familiale, éducative et sociale. Ses premières étapes sont de l'ordre de l'imagination, de l'élaboration d'un concept dans lequel s'enracinera un projet. La volonté est alors mobilisée pour le mettre en œuvre à l'aide de toutes les connaissances, compétences et expériences acquises. En cours de réalisation, l'œuvre ou tout autre objet projeté échappera toujours en partie au créateur, prendra quelques libertés avec la main qui l'a façonné, étonnera l'esprit qui l'a conçu. Le créateur est le premier spectateur de sa création, il la considère, la jauge, observe ses effets sur lui-même, l'émotion qu'elle engendre ou le malaise, l'irritation qu'elle suscite, elle lui convient ou bien il la rejette, la modifie ou la détruit pour tout reprendre à zéro jusqu'à ce qu'il en soit satisfait, voire se sente comblé d'en être l'auteur. Il se l'approprie alors, connaît des bouffées de bonheur et de fierté, il la trouve belle, qu'il s'agisse d'un texte, d'une œuvre plastique, musicale ou littéraire, ou encore d'un énoncé scientifique. Le chercheur considère avec suspicion un résultat en apparente rupture avec l'harmonie de la nature ; une théorie mathématique, une donnée astronomique ou un mécanisme biologique lui apparaissent devoir s'inscrire dans la beauté du monde. Vient alors la phase de la transmission du fruit de la créativité, l'une de ses justifications, nous l'avons vu. Il existe certes des artistes et des savants pour un temps « incompris » et qui ne renoncent pour autant pas à tracer leur sillon. Pourtant, cette incompréhension n'est jamais l'objectif d'un créateur, qui se résoudrait sinon à l'incommunicabilité de ses œuvres, c'est-à-dire leur impuissance à enrichir autrui et, par conséquent, inutilité. Le succès peut n'être pas le but premier, il n'en constitue pas moins, s'il n'est pas le résultat grossier d'une sujétion de l'opinion et des goûts que j'ai déjà évoquée, la preuve de ce que la création a été appréciée par ceux auxquels elle était destinée. Tout labeur n'est pas créatif, bien sûr, mais peut partager certains des traits de l'œuvre détaillés ci-dessus : l'engagement personnel pour réaliser un travail bien fait dont on sera satisfait et que les autres apprécieront pour ce qu'il leur apportera.

Revenons à l'écriture, ce qui implique que je me positionne pour un instant sur le devant de la scène puisque mon héroïne est trop engagée dans la science qui se fait pour investir de son énergie dans d'autres productions. J'ai éprouvé le vif besoin d'écrire pour le public général et non plus seulement pour la communauté scientifique lorsque l'évolution de ma carrière et les tâches de direction qui m'incombaient ont mis une distance croissante entre moi et la réalité de la recherche telle qu'elle se mène à la paillasse au jour le jour et débouche parfois sur cette forme de création que j'ai décrite et l'exaltation qui l'accompagne. Certes, je continuais alors à aider qui me le demandait, à souvent inspirer, voire à décider des programmes, à participer à l'interprétation des résultats, mais de plus en plus par personnes interposées. Et quelles personnes ! L'une des tâches les plus nobles d'un directeur de laboratoire est de sélectionner parmi les jeunes femmes et les jeunes hommes qui désirent mener leurs recherches sous sa supervision. Il s'agit d'identifier parmi les candidats celles et ceux qui apparaissent les plus créatifs et les mieux formés, les plus motivés, ceux les plus probablement à même d'assurer la relève dans un contexte toujours plus éprouvant de compétition, au moins dans notre discipline à Dewi et à moi, avec les plus brillants chercheurs du monde entier, en particulier ceux des nations les plus riches et les plus avancées. Si le choix a été bon, on assiste alors à la transformation rapide d'un(e) étudiant(e) plus ou moins timide en un chercheur acharné de plus en plus en plus autonome, puis en un scientifique habitué à voyager à travers le monde pour y présenter ses résultats, à échanger avec ses pairs, bientôt connu, respecté et parfois honoré, comme Dewi le fut rapidement. Cette évolution, la floraison des jeunes sur les potentialités desquels on ne s'est pas trompé, est l'une des raisons d'être d'un « patron » du monde de la recherche, elle est source d'immenses satisfactions mais l'éloigne peu à peu et de façon inexorable de la direction réelle des programmes. Certains collègues ne peuvent s'y résoudre et choisissent de conserver eux-mêmes l'étude d'un sujet propre qu'ils poursuivent avec quelques étudiants. Cela peut se révéler être au détriment de la disponibilité aux autres équipes et des tâches de direction d'une formation de recherche importante, très tôt de plus de cent personnes en ce qui me concerne ; je n'ai pas choisi cette voie. Cependant, pour retrouver le contact direct avec une activité créative dont je ne saurais me passer et, par son intermédiaire, ceux auxquels elle est destinée, je me suis mis à écrire, cela est devenu en quelques années une manière de vivre.

Si marcher est propice à la pensée, celle-ci reste, après avoir été émise en cette circonstance, dans un état assez brut, même si l'image ou le concept qu'elle imprime dans l'esprit paraissent d'abord dépourvus d'ambiguïté. Il faudra pour la transmettre la remodeler de sorte qu'elle parvienne à ses destinataires sous une forme claire, intelligible et belle. Une telle exigence s'applique aussi bien à une fiction romanesque qu'à un essai ou à toute autre catégorie littéraire. L'écrivain alors assis à sa table, plus souvent aujourd'hui devant l'écran de son ordinateur, va convoquer la pensée telle qu'elle a été émise et les images mentales associées, et tâcher d'en faire la matière première d'une œuvre de qualité. L'effort consenti pour tirer des idées une phrase qui en véhiculera le sens exact, les intentions et les nuances est toujours l'occasion de préciser la pensée, d'en mettre souvent en lumière des aspects ou des conséquences d'abord ignorés. Il faudra les explorer, bien entendu, mécanisme par lequel, comme je l'ai signalé, l'œuvre échappe toujours en partie au créateur. L'ensemble obtenu ne donne cependant pas encore satisfaction, certains termes utilisés demeurent ambigus, l'image évoquée par le texte reste éloignée de celle que l'observation ou la réflexion a inscrite dans la mémoire, la musicalité de la phrase, son rythme ne procurent aucun plaisir, il convient de remettre l'ouvrage sur le métier. Enfin se construit peu à peu un récit ou autre type d'énoncé agréable à considérer et dont la signification ne peut prêter à confusion. Les idées qu'il développe s'éloignent souvent de façon notable de ce que l'on imaginait initialement dire mais, tout bien considéré, convient cependant à l'auteur qui décide alors d'en faire le socle d'un développement futur appelé lui aussi à le surprendre. La dynamique propre de l'écriture, nourrie d'une intention et de pensées initiales, conduit toujours l'écrivain sur des terrains dont il ne soupçonnait pas l'existence ou, au moins, qu'il n'avait d'abord pas envisagé d'explorer. C'est pourquoi cette forme de message destiné aux lecteurs est aussi et auparavant une aventure toujours singulière pour l'auteur, amené à élargir l'horizon de sa curiosité et de son intérêt, une authentique occasion de découverte, du monde et de soi, un efficace tremplin vers plus d'humanité, en somme.

Ambition, compétition, coopération, envie

L'ambition est la conséquence naturelle de notre aptitude à faire des projets et de notre sentiment qu'il nous revient de ne pas gâcher nos potentialités, l'éventail de ses objets est vaste. Dewi a comme première ambition de progresser aussi vite et aussi loin qu'il se peut dans sa recherche et dans la maîtrise des techniques auxquelles elle conduira : la capacité à induire la régénération du tissu nerveux chez l'adulte, alors qu'un dogme voulait que cela soit impossible. Elle espère de la sorte permettre une révolution considérable de la médecine neurologique, inverser les dégradations provoquées par les affections neurodégénératives telle la maladie d'Alzheimer et redonner la mémoire à ceux qui en sont atteints, induire la réparation des cerveaux et des moelles épinières lésés, restituer de la sorte la capacité de parler et de marcher aux personnes hémiplégiques, paraplégiques, etc. Cette ambition est ardente, elle pousse la scientifique à donner tout d'elle-même pour l'assouvir, elle la hisse aux yeux de tous à des sommets vertigineux où l'on ne se presse guère. Cette notoriété, célébrité bientôt, les récompenses qui pleuvent et pleuvront sur elle, l'autorité hiérarchique croissante dont elle jouira et les avantages matériels qu'elle en tirera ne sont pas dans son cas les objectifs poursuivis, ils n'en sont que des retombées, auxquelles, à ses débuts, elle ne songeait guère. Dewi est cependant un exemple exceptionnel et toutes les ambitions ne requièrent heureusement pas de viser si haut. Faire du mieux qu'on le peut en mobilisant pour cela aptitudes et efforts, dans le but de satisfaire ses aspirations, certes, mais sans en exclure les autres, sans quoi la déception serait au rendez-vous, apparaît constituer un cadre général de l'ambition légitime par laquelle se manifeste notre humanité. S'y retrouvent potentiellement tous les types d'activité, professionnelle, publique et privée. Créer des œuvres de qualité, s'investir dans l'équilibre de sa famille, le bonheur des conjoints et l'épanouissement des enfants, faire d'une relation un hymne à l'amitié et à l'amour, créer une entreprise et la faire prospérer, réussir pleinement dans l'exercice de son métier ou être un jour champion de l'Essonne puis olympique de cross, voilà qui constitue autant d'ambitions possibles. S'il est possible de leur reconnaître une signification variable pour autrui, pas question, en revanche, d'en établir une hiérarchie au plan du degré d'humanité qu'elles recèlent.

Les conditions dans lesquelles chacun poursuit son ambition ne sont qu'exceptionnellement solitaires et impliquent en parts variables compétition et coopération. Allant de soi dans le cadre d'une ambition sportive, entrepreneuriale, la compétition s'évite difficilement dans celui de la recherche scientifique. Dans un monde idéal, bien entendu, tous les « savants » du monde travailleraient main dans la main pour l'élucidation de la vérité et le bien-être de l'humanité. Peut-être ces aspirations élevées suffiraient-elles à stimuler pleinement l'énergie créatrice des chercheurs et à satisfaire de cette manière au mieux l'intérêt général. Le fonctionnement du Conseil européen pour la recherche nucléaire (CERN) et son laboratoire situé à cheval sur la frontière entre la France et la Suisse, près de Genève, est ce qui se rapproche le plus d'un tel modèle. Les instruments de recherche en physique nucléaire, dont l'anneau du grand collisionneur d'hadrons (LHC) est un exemple remarquable, sont incroyablement onéreux. Le LHC du CERN est le plus long et le plus puissant du monde. C'est une installation souterraine de vingt-sept kilomètres de circonférence où des particules lourdes sont accélérées par de gigantesques électro-aimants à une vitesse voisine de celle de la lumière, leurs collisions produisent des particules élémentaires censées être apparues aux premiers instants de l'univers, quelques fractions de millième de seconde après l'explosion supposée du Big Bang. Les investissements nécessaires pour assembler un tel appareillage sont énormes, ils ont mobilisé une coopération internationale, ici avant tout européenne, qui exclut de réserver l'usage d'un tel instrument à de petites équipes en compétition les unes avec les autres et jalouses de leurs résultats. Travaillent par conséquent au CERN des chercheurs du monde entier, les données expérimentales relevées au terme des complexes et dispendieuses expériences utilisant le LHC et d'autres dispositifs sont partagées sans tarder dans le monde entier, mises à disposition sans exclusive de toute la communauté internationale des physiciens nucléaires. Les publications scientifiques peuvent être signées par des centaines de chercheurs et d'ingénieurs. La compétition est ici presque un mot tabou, le principe de la coopération règne en maître. Un fonctionnement de cette nature se retrouve chaque fois que les investigations recourent à ce type de machines que seuls les États peuvent financer, en général dans le cadre d'une coopération entre plusieurs pays, en particulier en astronomie et astrophysique. La situation est, hélas, je l'ai signalé, différente dans la plupart des autres disciplines scientifiques, dont les sciences de la vie. Là opère sans partage une rude compétition internationale entre les équipes, tout y concourt : la réputation et la carrière des chercheurs sont largement appréciées en fonction de leurs publications dans les meilleurs journaux du monde, qui n'acceptent dans leurs colonnes que des articles originaux, ce qui exclut la simple confirmation de résultats déjà publiés ailleurs ; de plus en plus de découvertes sont à l'origine d'inventions que l'on cherche à protéger par la prise de brevets, voire sont d'emblée considérées comme telles, ce qui exclut toute divulgation antérieure des données. Enfin, la psychologie du chercheur le pousse aussi à accepter la compétition car, s'il n'était jamais le premier à mettre un phénomène en lumière ou une technique au point, c'est-à-dire à se retrouver au moins une fois dans sa vie celui par lequel la science avance, s'il apparaissait que sans lui tout dans sa discipline aurait évolué à la même vitesse, il serait accablé par le sentiment de sa profonde inutilité. Au moins, la compétitivité d'une équipe exige-t-elle la meilleure coopération possible entre ses membres, comme cela est aussi le cas des équipes sportives, de troupes militaires en opération ou de tout groupe humain affrontant un défi difficile. C'est pour avoir méconnu cette évidence que certaines tendances managériales au sein des entreprises ont, durant les dernières décennies, abouti à des échecs, parfois cuisants et douloureux, j'en ai parlé dans le paragraphe consacré au travail.

Cette question essentielle de l'équilibre entre la compétition et la coopération a été à l'origine d'une des rares différences de positionnement à s'être manifestées entre mon ami Albert Jacquard et moi ; nous nous en sommes expliqués dans notre livre à deux mains, *L'avenir n'est pas écrit*[1]. Homme généreux, ami des sciences, des humains et du monde, Albert menait un combat sans merci contre toute forme de compétition, les notes et les classements à l'école, les concours, etc. Il vantait l'épanouissement par le sport mais dénonçait l'organisation d'épreuves dont la règle – c'est vrai – fréquente est de l'emporter sur les autres. Pour lui, l'enseignement se devait d'inspirer la haine de toute forme de rivalité et de promouvoir à l'inverse la beauté de la coopération entre des humains interdépendants qui y puisent tout à la fois la satisfaction des besoins individuels et communs, l'ouverture aux autres et l'institution d'une atmosphère propice à la plus grande sérénité, au meilleur épanouissement, en bref au bonheur. Ce discours m'émouvait autant que les publics auxquels il s'adressait si souvent, d'autant qu'il est en pleine concordance avec la place que je réserve moi-même à l'altérité et à la coopération dans l'émergence et la floraison de l'humanité, dans le tissage du lien social qui en constitue le cadre obligatoire. Cependant, la tirade sans conteste sincère de

---

1. A. Jacquard et A. Kahn, *L'avenir n'est pas écrit*, op. cit.

mon ami me laissait aussi quelque peu perplexe. La compétition peut aussi parfois se révéler humainement riche, elle n'est pas toujours synonyme d'opposition et de combat, ce n'est heureusement pas toujours la guerre. L'estime réciproque entre des sportifs, des joueurs d'échecs, des scientifiques qui se sont affrontés dans un total respect mutuel grandit elle aussi les uns et les autres, à une condition cependant : que l'éducation ait contribué à imprimer dans l'esprit de chacun que la qualité d'une personne ne peut jamais se réduire à ses performances dans un domaine particulier, que le vainqueur ici ne sera pas à la hauteur là, et inversement. La compétition loyale peut alors être l'occasion de se surpasser là où on excelle, d'inciter autrui à se comporter de même, tout en gardant la plus objective des humilités pour tout le reste. D'un autre côté, il y a peu de doute que les primates du genre *Homo* soient les héritiers d'une certaine pulsion à la compétition qui est l'un des ressorts de l'évolution et de la sélection naturelle. Lorsque deux cavaliers cheminent de conserve sur la prairie, si l'un voit sa monture « lui prendre la main », c'est-à-dire s'emballer sans qu'il sache la retenir, l'autre aura fort à faire pour retenir la sienne et éviter qu'elle n'emboîte le pas à l'animal au grand galop dans une course folle. Albert détestait avec raison ce type de référence et objectait volontiers que, justement, l'humanisation revient pour l'homme à surmonter cette forme d'atavisme à la lutte pour la vie afin d'assurer la victoire du plus fort, je ne le contredisais pas car je partage l'essentiel de cette idée. En fait, mon objection principale à l'irénisme radical d'Albert est d'un autre ordre. Je trouve aisé pour un ancien polytechnicien au sommet de sa réussite et de sa notoriété comme il l'était, pour un « mandarin » du monde de la recherche, bientôt président d'une des plus prestigieuses universités du pays tel que moi, de dénoncer la formation à la compétition alors que c'est elle qui nous avait portés là où nous étions. Je faisais remarquer à Albert Jacquard que, bien entendu, j'apprécierais sans doute moi aussi un monde universellement fraternel où la main tendue aurait remplacé pour toujours l'arme au poing et que, comme lui, je croyais essentiel d'en enseigner le principe et d'en vanter les vertus. Pour autant, ce n'est pas dans cette société-là que lui comme moi étions parvenus aux positions que nous occupions, que, hélas, nos élèves auraient à construire leur vie, animés par l'esprit de l'« oser vouloir, faire les choses durement si nécessaire[1] » dont j'ai fait l'un de mes messages principaux aux jeunes. À mon grand désespoir, ce n'est pas au monde rêvé d'Albert que nos étudiants seront confrontés : ils auront à se battre, à affronter parfois autrui, à s'efforcer de l'emporter pour devenir maîtres de leur destin, certains, le plus grand nombre possible je l'espère, dans l'espoir de lutter avec efficacité contre un monde violent où la guerre de chacun contre tous serait la règle. Aussi me suis-je toujours gardé en tant qu'enseignant de dissuader les élèves et étudiants d'accepter toute compétition, cela eût été, je le crains, les désarmer alors qu'ils devaient s'engager dans un monde compétitif et dur. J'ai toujours tenté, en revanche, de faire en sorte qu'ils ne se satisfassent pas des aspects les plus brutaux de la société, que l'idée puisse germer en eux

---

1. A. Kahn, *Raisonnable et humain*, Nil, 2004.

de la réformer ; encore faut-il pour qu'ils le puissent qu'ils en conquièrent les moyens.

L'un des ressorts et l'une des dimensions de la compétition consistent dans la tendance de chaque personne à observer ce dont disposent et sont capables les autres et à désirer posséder les mêmes choses qu'eux et les égaler. « Pourquoi pas moi ? » est, dès l'enfance, la plus spontanée des protestations, elle franchit en général bien vite l'écart qui sépare l'aspiration à la justice de la jalousie et de l'envie. L'anthropologue et philosophe René Girard a fait de cette pulsion le fondement de sa théorie du « désir mimétique » et l'un des moteurs de l'histoire humaine. Selon lui, les tensions de plus en plus vives et violentes engendrées par cette rage de chaque citoyen à avoir ce que les autres ont ne se résout que par des crises sacrificielles qui aboutissent à la mise à mort, réelle ou symbolique, de la brebis galeuse. Cet auteur chrétien voit dans la crucifixion de Jésus la fin de ce cycle en tant que le monde est amené à admettre que la victime sacrifiée, le Christ, avait en réalité raison[1,2]. Je ne doute pas que nombreux sont ses pairs au sein de la communauté scientifique qui envient les succès de Dewi, la jalousent, apprécieraient secrètement qu'elle échoue un jour. Si c'est là pour eux une motivation à travailler plus dur encore pour l'égaler, la dépasser parfois, on reste dans les limites d'un instinct de compétition qui peut amener à donner le meilleur de soi pour atteindre un objectif collectivement désirable. L'envie possède cependant un véritable génie invasif, elle subvertit bien vite la raison, déchaîne une passion mauvaise qui rend

---

1. R. Girard, *La Violence et le Sacré*, Grasset, 1972.
2. R. Girard, *Le Bouc émissaire*, Grasset, 1982.

profondément malheureux les envieux, perturbe leur sommeil, les dispose aux pires extrémités, la fraude, la violence et, en définitive, gâche leur existence. C'est que jalousie et envie sont ancrées dans certains des mécanismes déjà évoqués essentiels à l'humanisation de nos ancêtres. Le premier est bien entendu l'interdépendance des humains, le besoin de l'autre pour être soi, l'interrogation de chacun sur les pensées d'autrui, surtout en ce qui le concerne (théorie de l'esprit). Puisque la référence au semblable est requise pour nous évaluer nous-mêmes, nous sommes tous attentifs aux éléments d'appréciation et de comparaison que nous relevons chez lui. Le second mécanisme, celui sur lequel repose selon mon analyse l'universalité possible du sens moral, est le sentiment de la réciprocité et l'aspiration à la justice qu'il implique, aisément dénaturés en jalousie et envie. L'écueil que recèlent ces passions mauvaises pour l'épanouissement individuel requiert très tôt tous les efforts des parents, éducateurs et enseignants. Les deux stratégies disponibles, d'efficacité, hélas, bien imparfaite, sont celles de la norme morale et de la relativité des avantages différentiels. L'inculcation depuis l'enfance de la notion – la norme – selon laquelle « jalousie et envie sont de vilains défauts » ne nous garantit en rien de n'en pas souffrir. Cependant, cet enseignement nous a au moins préparés et incités à combattre ces passions en nous, à ressentir de la honte de les éprouver. L'autre approche est d'insister sur la très grande diversité des dons et des biens susceptibles de rendre heureux, de faire naître la conviction que, même dépourvus de ce qui nous fait envie chez l'autre, nous disposons en propre d'atouts qu'il aimerait sans doute posséder lui-même. Nous le voyons, les armes pour combattre ces maladies de l'esprit – c'en sont, souvent – demeurent d'efficacité limitée. Ce sont pourtant les seules qu'il nous reste depuis que la plupart de nos concitoyens ne sont plus prêts à accepter les injustices dont ils sont victimes comme une prescription d'un Dieu disposé à récompenser leur humilité et leur soumission par une félicité paradisiaque dans l'au-delà.

La célébrité

La célébrité de Dewi, déjà grande, pourrait devenir universelle si les promesses de ses travaux étaient tenues. Il n'est même pas impossible qu'elle perdure alors après sa mort, qui la verrait rejoindre le groupe des « bienfaiteurs de l'humanité » dont l'histoire retient les noms et les carrières. La scientifique reste étonnée, à dire vrai un peu gênée, de cette focalisation sur elle des projecteurs de la renommée. Certes, elle s'en est sentie d'abord flattée, la voyant comme une reconnaissance de l'importance de ses travaux, par ses pairs puis par le public. Elle tente désormais de plus en plus de s'en protéger, elle désire résister aux délices d'un vedettariat qui la conduirait sinon à délaisser la conduite de son équipe et l'avancée de ses travaux. Dewi est avant tout une chercheuse qui entend le demeurer, elle tente parfois de se ressourcer, non sur les plateaux de télévision mais dans la lecture, au contact de la nature, avec des amis, en retournant dans sa famille. Elle sent confusément que le goût de la gloire pour elle-même et non l'aspiration légitime au succès qui la motive est une drogue dure. Qui s'est laissé séduire par la dévotion publique, de nos jours par l'attention médiatique, connaît l'évolution habituelle de tout drogué. Les premières consommations procurent beaucoup d'émotion et de plaisir, mais la désensibilisation progressive qui s'ensuit pousse à consommer de plus en plus pour les retrouver. Puis vient le temps de la dépendance, celui où la pénurie de drogue engendre un malaise, puis des douleurs physiques et psychiques bientôt intolérables. La femme ou l'homme adulés en sont dans un premier temps flattés et heureux, puis s'habituent à vivre ainsi dans un mode d'existence qui devient juste ordinaire. L'oubli progressif, la grisaille de l'anonymat remplaçant la lumière de la célébrité jettent, lorsqu'ils surviennent, un voile d'obscurité sur l'univers mental des vedettes délaissées et les conduisent souvent à la mélancolie et à la dépression, parfois à la consommation d'alcool et autres substances psychoactives, c'est-à-dire au remplacement d'une drogue par une autre. Notre héroïne ne se prend pas pour une star, elle fera tout pour éviter d'y être assimilée mais a conscience que, en cas de triomphe scientifique encore accru, ce pourrait n'être pas aisé, les stars existent aussi dans le domaine des sciences.

Trois éléments participent à des titres divers à la starisation : la célébrité, l'identification fantasmée à la star et, dans les cas les plus typiques, son élévation au rang de symbole sexuel. Dolly, la célébrissime brebis clonée, n'est ainsi pas une « star » comme celles dont il est question ici, elle n'induit pas le désir de se revêtir d'une toison de laine ni n'incite à la zoophilie. Ces critères ne s'appliquent qu'à des semblables et non à tout être vivant célèbre. Les garçons cherchent à ressembler à Zidane, David Beckham, Noah, tel chanteur techno ou pop, hier à James Dean ou Elvis Presley. Les filles s'inspirent du look de Madonna ou de Lady Gaga comme hier celui de Marilyn Monroe ou de Brigitte Bardot, elles s'habillent – et à l'occasion se déshabillent – comme elles. En principe, les filles se rêvent prises par leurs idoles masculines et les garçons fantasment sur leurs icônes féminines avec lesquelles ils s'imaginent partager de brûlants ébats. Comment résister au désir de Marlon Brando, de Brad Pitt ou de George Clooney, comment ne pas illuminer ses rêves avec les images d'Angelina Jolie, Pamela Anderson ou Madonna, exemples pris au hasard et sans que ces noms ne reflètent un quelconque choix personnel. Même si, aujourd'hui, les stars les plus en vue se recrutent dans les milieux du sport, du show-biz et de la mode, il en existe bien d'autres, appartenant à tous les champs de l'activité humaine, y compris les sciences. En leur temps, Louis Pasteur, Albert Einstein et Marie Curie, Marcel Proust, Colette et Albert Camus en littérature, Henri Bergson et Jean-Paul Sartre dans le débat philosophique, Henri Matisse et Pablo Picasso en art étaient des vedettes absolues, et certains de leurs successeurs modernes conservent une belle notoriété. Dewi n'aimerait leur ressembler qu'en ce qui concerne leur génie, pas leur statut de star. Chez tous on retrouve les ingrédients de la starisation, y compris le désir d'identification et, dans une certaine mesure, l'attractivité sexuelle. Dans les domaines artistique, intellectuel et scientifique, l'influence de la star, le mimétisme qu'elle induit, prend la forme de la création d'une « école » où se pressent élèves et disciples ; ils sont au plan de l'esprit les équivalents des groupies à celui du corps. Sigmund Freud en est l'un des symboles les plus emblématiques. Après ce survol rapide du monde des stars, efforçons-nous d'en comprendre les ressorts, d'en décrypter les secrets pouvoirs dans les sociétés humaines.

Le premier facteur en cause a été cité à de nombreux paragraphes de cet ouvrage tant il joue un rôle clé dans l'émergence de l'humain, il s'agit de l'extraordinaire interdépendance des êtres, dont les capacités mentales, la conscience d'eux-mêmes et l'univers psychique ne s'expriment pleinement qu'au sein d'une communauté humaine. Un second mécanisme, lié au précédent, réside dans la fabuleuse capacité d'imitation de nos semblables, clé de tout apprentissage. C'est parce que les enfants répètent les mots des parents, les élèves les leçons du maître, les apprentis les gestes de leurs formateurs, que l'être humain apprend avec une telle efficacité. La pulsion mimétique, élément probable des mécanismes étudiés par Freud, débute dans l'enfance lorsque les petites filles se hissent dans les chaussures de maman, aiment à ce que, par jeu ou pour les besoins d'une petite représentation, on les grime et farde un peu comme maman ; lorsque les petits garçons s'efforcent de faire « comme papa », empruntent parfois les effets de leur père, tracent une ombre de moustache et de barbe sur leur petite bouille ronde ; lorsque filles et garçons jouent au papa et à la maman. Pères et mères sont d'incontestables stars pour leurs enfants. La capacité humaine à questionner aussi les pensées d'autrui confère souvent une dimension psychologique au mimétisme, ce qui est un élément déterminant de l'ascendant qu'exerce un maître vénéré, un gourou ou un dictateur, qui sont des stars à leur manière. Par certains aspects, le rôle du mimétisme dans le pouvoir des stars sur les foules a des points communs avec le désir mimétique de René Girard. Sans doute la fascination engendrée par l'extrême beauté ou le prestige intellectuel d'une star ne conduit-elle pas à la crise mimétique décrite par l'auteur, car l'objectif de s'élever au niveau de sa vedette ou de son maître apparaît inaccessible. Ce sont des étoiles, des stars que l'on voit briller au firmament mais qu'il est hors de question d'atteindre et d'égaler. Tout juste peut-on les singer ou être inspiré par elles. À noter que, lorsque dans les champs de l'art, des sciences et autres domaines de l'esprit, l'élève a rejoint son maître, puis l'a dépassé, ce dernier peut rester un modèle respecté mais il cesse d'être une star, au moins pour cet élève. Quant à l'attractivité sexuelle, elle s'applique même à des stars qui n'ont guère le physique de l'emploi, mais surtout masculines, comme l'illustre la célèbre réplique de Bernard Shaw à la très belle Isadora Duncan, qui le poursuivait de ses assiduités et lui déclara un jour : « Quel miracle ce serait d'avoir un enfant ensemble. Imaginez qu'il ait ma beauté et votre intelligence ! – Bien sûr, mais supposez que ce soit le contraire », rétorqua avec quelque muflerie le dramaturge irlandais. Il existe à l'évidence une certaine asymétrie dans les paramètres de la séduction chez les hommes et chez les femmes, les critères du prestige intellectuel, du talent, du pouvoir et de la richesse compensant avec plus d'efficacité la disgrâce physique chez les premiers que chez les secondes. En définitive, l'influence des humains sur leurs semblables, jointe à des capacités d'imitation remarquables et au désir d'y parvenir, conduit à ce que des qualités hors normes, physiques ou intellectuelles, deviennent des standards désirables mais inaccessibles : la star est née, elle stimule tous les aspects du désir. À noter que la période moderne a vu émerger une singulière variante de ce phénomène. Les publicitaires, conscients du rôle joué par le processus d'identification à une vedette, ont bien cerné la difficulté de s'identifier vraiment à ceux dont le talent était à ce point exceptionnel. La télévision et les autres médias ont alors entrepris de vedettiser l'insignifiance qui, elle, est largement partagée. Ce furent les émissions de téléréalité du type « Loft Story ». Ici, seule la célébrité justifiait le statut de stars éphémères de certains protagonistes, sinon remarquables par leur banalité. Même si Dewi n'a pas connaissance de l'ascension moderne de ce nouveau type de stars sans talent, elle a perçu combien le phénomène de la starification risque d'y conduire puisque l'identification fantasmée à la star peut amener ses fans à l'investir de qualités dont elle est en réalité bien dépourvue. C'est d'ailleurs aussi pourquoi le Capitole des stars est si proche de la roche Tarpéienne : il suffit parfois de peu de chose pour que se dissipe l'illusion aux racines de la starification, l'idole tombe alors de son piédestal, on se rend compte que « le roi est nu », ou bien que l'âge l'a dépossédé des attributs de son pouvoir, la déchéance est cruelle. Or ce sont les qualités elles-mêmes qui importent à Dewi, les résultats, les contributions à la connaissance de la nature et au soulagement de ses semblables auxquels elle aspire, ce dans quoi elle s'épanouit, le reste lui apparaît constituer un comble de la futilité.

L'argent

À en croire les centaines, sans doute les milliers, de maximes, préceptes, sentences, aphorismes, proverbes, paraboles, citations et écrits divers traitant de l'argent, l'affaire est, au moins dans l'Occident gréco-latin puis chrétien, entendue et le verdict sans appel : depuis l'invention de la monnaie en Asie Mineure au VIIe siècle avant notre ère, puis à Athènes un siècle plus tard, les sages ont sans relâche condamné son pouvoir corrupteur et dissolvant sur les mœurs, la sape de la solidarité sociale auquel il aboutit. Dans sa pièce *Antigone*, Aristophane écrit : « Aucune mauvaise institution en effet n'a germé/Chez les hommes comme l'argent. Les villes,/Il les saccage, il chasse les hommes de leurs maisons,/Il imprègne et détraque les esprits honnêtes/Des mortels, et les incite aux honteuses entreprises. » Aristote, plus mesuré, louera le sage usage de la monnaie en tant que moyen de faciliter les échanges et de garantir de la sorte une frugale satisfaction des besoins domestiques, mais dénoncera sans complaisance l'accumulation de l'argent pour lui-même. Quatre siècles plus tard, l'Évangile selon saint Luc rapporte la sévérité de Jésus envers les riches et l'argent : « Folie est l'attitude du riche qui amasse des richesses pour lui et non pour la parole de Dieu » (12, 18) ; « Comme il sera difficile à ceux qui possèdent des richesses de pénétrer dans le royaume de Dieu » (18, 24) ; « En effet, il est plus facile à un chameau de passer par un trou d'aiguille qu'à un riche d'entrer au paradis » (18, 25) ; « Vous ne pouvez servir Dieu et l'argent » (16, 13) ; l'argent est un faux dieu ; etc. Le contraste entre l'apologie par le Christ de la pauvreté et la richesse de l'Église, de ses prélats et de ses sanctuaires peut être assimilé à une sorte de malédiction, contre laquelle s'élèveront successivement au cours des siècles différents courants monastiques, la règle de saint Benoît de Nursie (VIIe siècle), puis d'Aniane (IXe siècle), les réformes des Cisterciens et des Chartreux (fin du XIe siècle), des Franciscains (début du XIIIe siècle), etc., de même que les hérésies cathare et vaudoise qui ébranleront l'Église aux XIIe et XIIIe siècles. La Réforme elle-même sera déclenchée au XVIe siècle par l'indignation de Martin Luther devant la vente à très grande échelle des indulgences papales. On peut comprendre, après tant d'échecs des dénonciations de la richesse, la déclaration ironique que Choderlos de Laclos mettra à la fin du XVIIIe siècle – où est née l'économie libérale – dans la bouche de la marquise de Merteuil : « J'avoue bien que l'argent ne fait pas le bonheur ; mais il faut avouer aussi qu'il le facilite beaucoup[1]. » C'est que les choses ont bien changé depuis les condamnations grecques puis évangéliques de la richesse, l'Église elle-même avec, en particulier, les jésuites de Salamanque, les mercantilistes et enfin les libéraux ont réhabilité la monnaie : elle serait le moyen de pourvoir aux besoins de la communauté des enfants de Dieu pour les premiers, du royaume pour les deuxièmes et enfin de servir l'intérêt légitime des personnes pour les derniers[2].

---

1. P. Choderlos de Laclos, *Les Liaisons dangereuses*, Norph-Nop, 2011 (1782).
2. A. Kahn, *L'Homme, le Libéralisme et le Bien commun*, *op cit.*

Dewi, d'éducation musulmane, n'a guère de problème métaphysique avec l'argent. Le Prophète n'a en effet jamais condamné les riches et la richesse mais a simplement appelé les premiers à faire l'aumône aux pauvres et à servir Dieu, le Coran est sans ambiguïté sur ce point : « [32] Dis : "Qui a déclaré illicites les parures et les mets succulents dont Dieu a gratifié ses serviteurs ?" Réponds : "Ils sont destinés en cette vie aux croyants et ils seront leur apanage dans la vie future." » La sourate 57, « Le Fer » (« Al-Hadîd »), précise cependant : « [7] Croyez en Dieu et en Son Prophète ! Donnez en aumône une partie des biens dont Il a fait de vous les dépositaires, car ceux d'entre vous qui ont la foi et qui font l'aumône auront une magnifique récompense. » Notre scientifique se sent d'autant plus à l'aise qu'elle gagne certes bien sa vie mais que tel n'a jamais constitué en soi son objectif. La nature de ses recherches, les potentialités des traitements qu'elle contribue à mettre au point ont amené plusieurs fois, dès la préparation de sa thèse de doctorat à Amsterdam, des firmes de biotechnologie et de grands groupes pharmaceutiques à lui faire des propositions de plus en plus mirobolantes si elle acceptait de les rejoindre. Elle s'y est toujours refusée, très attachée à la liberté que donne une recherche académique dévolue à la meilleure avancée des connaissances et, chaque fois que possible, dévouée au bien public. Cependant, réaliste et femme de son temps, elle a, bien entendu, discuté avec les compagnies privées, a passé des contrats avec elles pour contribuer à financer ses recherches et s'assurer que les médicaments qui seront issus de ses travaux et méthodes pourront être mis à la disposition des malades selon les règles de sécurité en vigueur. Elle s'est aussi toujours montrée énergique et lucide dans la négociation des conditions qui lui seraient consenties par les laboratoires cherchant à la recruter, non pas tant d'ailleurs concernant son salaire que les moyens en personnel, matériel et finances sur lesquels elle pourrait compter pour poursuivre ses recherches le plus efficacement et le plus rapidement possible. En bref, Dewi se conforme en fait sans le savoir aux injonctions anciennes d'Aristote : utiliser l'argent en tant que moyen mais n'en faire jamais une fin. Quoiqu'elle soit à ce point investie dans la science qu'elle ne prend guère le temps de penser la société dans laquelle elle vit, elle se sent souvent en décalage complet avec le monde de l'argent roi qui l'entoure. Alors qu'elle se demande quelquefois comment utiliser ses revenus confortables, elle est effarée de ce que certains s'efforcent de gagner dix fois plus. Fichtre, pense-t-elle en prenant connaissance des salaires et avantages divers faramineux de financiers et dirigeants d'entreprise, parfois de footballeurs et de chanteurs, que peuvent-ils bien faire de telles sommes ? Elle n'en est cependant nullement jalouse, elle préfère de loin sa vie sans souci matériel au service d'une passion, de la science et des gens à la leur, obsédés qu'ils sont par l'augmentation de gains qui excèdent déjà non seulement ce dont ils ont besoin, mais aussi ce qu'ils peuvent raisonnablement dépenser. Elle est d'ailleurs intimement persuadée d'être plus heureuse qu'eux.

Dewi n'a pas tort. Toutes les études montrent certes que la pauvreté et les conditions de vie qui l'accompagnent constituent un obstacle important à l'impression subjective de bien-être et de bonheur. Au niveau des nations, il existe une corrélation entre l'indice global de bonheur de la population et le produit intérieur brut (PIB) moyen par habitant, au moins lorsqu'un pays pauvre se développe. Le Bhoutan a pu proposer l'institution d'un indice de bonheur national brut. Pour une part, il dépend sans conteste pour les pays en voie de développement de l'accroissement des richesses par habitant. Cependant, cette dépendance devient plus discutable pour des PIB élevés en ce qui concerne les nations, et le niveau de revenus en ce qui concerne les individus. Pendant que les richesses produites par les pays industrialisés ont été multipliées par quatre, l'impression moyenne de bonheur n'a pas augmenté significativement, elle a même faiblement diminué aux États-Unis. Au niveau individuel, les données sont assez contradictoires mais, globalement, suggèrent que, au-delà d'une certaine somme, disons soixante à soixante-quinze mille euros par an en France et dans les pays européens similaires, la progression de la fortune impacte par elle-même peu la satisfaction quant à sa situation, avec cependant un paramètre de relativité qui va nous amener à évoquer à nouveau René Girard et son désir mimétique. Lorsqu'on demande à des étudiants s'ils préféreront dans l'avenir gagner, par exemple, cinquante mille dollars sachant que la moyenne de leurs collègues en disposera de trente mille, ou bien soixante-quinze mille pour une moyenne à cent mille, ils sont très majoritaires à choisir la première solution, gagner moins mais plus que les autres plutôt que l'inverse. Le même revenu sera apprécié comme satisfaisant dans une entreprise où il se situera dans la catégorie supérieure, et comme scandaleusement insuffisant s'il figure, à l'inverse, dans la partie basse de l'échelle. De la sorte, l'indice de bonheur exprimé par des gens fort riches ne tient plus à une meilleure satisfaction des besoins et des envies mais au désir d'être plus riches que les autres. C'est aussi sans doute la raison pour laquelle l'indice de bonheur n'a nullement suivi l'accumulation des richesses dans les pays développés, car il s'est accompagné d'un accroissement des inégalités génératrices de frustrations et d'une impression de mal-être. Nous sommes là au cœur du phénomène anthropologique analysé par Girard, ce qui explique le paradoxe des salaires et fortunes démesurés et souligne combien cela conduit à une impasse. Tel très haut revenu va chercher à accroître encore son salaire, non pas parce que ce serait là pour lui le moyen de satisfaire un désir très vif mais parce qu'il aspire à disposer au moins de la même somme que le collègue ou le concurrent. Ce dernier s'empressera d'agir de même dans une compétition absurde et sans fin qui rappelle la scène comique du *Dictateur* de Charlie Chaplin où Hitler et Mussolini chez le barbier actionnent à tour de rôle leur siège pour dominer l'autre, jusqu'à ce que le fauteuil s'effondre quand il a dépassé son élévation maximale. L'une des conséquences de cette course folle est de contribuer dans les entreprises à la dégradation du climat de l'encadrement supérieur, d'induire un nomadisme accéléré des cadres de haut potentiel, puisque l'intérêt de leur tâche et leur solidarité envers leurs sociétés s'effacent derrière la reconnaissance ultime que constitue un salaire supérieur à celui de ses anciens collègues. Les plus bas revenus ne pouvant progresser au même rythme, les inégalités s'accroissent avec les conséquences évoquées plus haut. Enfin, l'attrait prééminent de l'argent bien au-delà de son usage possible souligne combien il est devenu la valeur dominante, la valeur de référence à laquelle toutes les autres se rapportent.

Le terme de valeur utilisé au pluriel, les valeurs, recouvre le plus souvent ce qui, selon Emmanuel Kant dans *Fondements de la métaphysique des mœurs*[1], procède de la dignité, la confère à un être mais n'a pas de prix, tels l'amour, la compassion, la solidarité, l'honnêteté, le courage et autres attributs moraux. Certaines d'entre elles sont vues par Kant comme universelles, alors que la sociologie insiste plutôt sur leur relativité, leur spécificité en lien avec un groupe et une civilisation. Je n'aborderai pas ici ce débat car il est aujourd'hui largement dépassé par la prépondérance croissante du sens financier du valeur(s), qui renvoie cette fois à un prix, celui par exemple des actions que leurs possesseurs espèrent voir grimper pour « créer de la valeur ». Cette évolution possède une signification soulignée par l'étymologie du mot, *valere* en latin, « être fort », « valoir ». Ce qui rend fort et vaut la peine qu'on le poursuive, ce ne sont plus guère les composants de la dignité relevant des normes et impératifs moraux, mais la richesse en elle-même, suffisante pour fonder une « dignité », au moins sociale, même sans référence à la morale. Certes, tout ne se réduit pas à l'argent, nos sociétés n'ont pas fait leur deuil des plaisirs, de l'amour, hélas des chagrins, etc. Elles ont cependant généralisé le principe d'une contrepartie financière presque systématique à toutes les valeurs

---

1. E. Kant, *Fondements de la métaphysique des mœurs*, Livre de poche, 1993 (1785).

qualitatives. Les plaisirs s'achètent, bien entendu, ce n'est pas nouveau. La rupture d'un couple, la perte d'un proche, un préjudice quelconque ne peuvent guère être réparés sinon par le biais d'un dédommagement selon un barème précisé par le juge. Je me suis déjà désolé de ce que le pli soit pris d'apprécier le dynamisme de la création artistique d'un pays en fonction de celui du marché de l'art. L'éducation n'échappe plus au phénomène. Dewi, avec une certaine ingénuité, considère que la marque d'un établissement d'enseignement supérieur performant s'apprécie en tenant compte, au-delà des taux de réussite aux diplômes, du nombre de grands esprits qui en sont issus, en particulier les chercheurs reconnus et primés. Dans les grandes écoles d'ingénieurs et de commerce, en réalité, le seul paramètre considéré aujourd'hui est celui du salaire d'embauche des diplômés. En définitive, la valeur monétaire l'emporte sur toute autre et apparaît être l'objectif suprême. Elle attribue seule un pouvoir réel dans presque tous les domaines de l'existence et est proposée en tant que réconfort pour tout ce qui lui échappe en principe dans l'ordre de la douleur, de la peine, de l'occasion perdue, du lien rompu ou de n'importe quel autre événement préjudiciable. Le défaut de la réduction progressive des qualités d'une vie humaine à des quantités monétaires, nouvel exemple de l'ascendant du quantitatif sur le qualitatif discuté dans le paragraphe consacré à la pensée, est que la pleine satisfaction devient alors impossible. L'impression du sublime est par nature indépassable, une amitié désintéressée peut paraître parfaite, un amour, pour un temps au moins, idéal, un attachement parental ou filial irremplaçable. En revanche, le prix de l'œuvre, le niveau d'un dédommagement pour rupture ou décès sont toujours susceptibles d'être discutés, contestés, il n'existe pas en ce domaine de maximum et l'insatisfaction est de mise. Le règne de l'argent roi est aussi celui assuré de la cupidité toujours insatiable, génératrice de regrets et d'envies, de tensions et de conflits dont l'âpreté menace la disponibilité propice au meilleur de la créativité. Dans le même temps qu'il confère peu à peu un prix aux bases d'une dignité pourtant pensée comme en étant dépourvue, l'argent achève sa conquête de ce qui, dans le corps, lui échappe encore. Après la jouissance du corps d'autrui, objet de commerce depuis des millénaires, les cheveux, le lait, le sang, le sperme, les ovocytes, les cellules, trop souvent les organes humains et, depuis peu, la fonction gestatrice des femmes sont entrés dans le circuit marchand. Le marché des corps, de leurs produits ou de leurs parties aliène consommateurs et consommés, les seconds parce que la tyrannie de la nécessité les amène à se vendre en totalité ou en pièces détachées, les premiers parce que leur usage de telles marchandises conduit à soulever la question de leur statut propre, à l'évaluer lui aussi en fonction de son cours sur le marché unique des êtres et des biens qui s'institue.

Même des qualités personnelles bien difficiles à négocier sur les marchés, telles l'honnêteté et la sincérité, sont bousculées par le règne des fins quantitatives, celles qui impliquent l'optimisation des gains. Si l'objectif assigné à chacun, le sens qu'il est sommé de donner à sa vie, est la réussite matérielle et des revenus élevés, tout peut apparaître autorisé pourvu que cela conduise au succès, et à la condition de ne pas se faire prendre. Un sportif que tout le monde sait être dopé, tel le cycliste Lance Armstrong, restera une vedette planétaire jusqu'à ce qu'il soit confondu. L'un des plus grands constructeurs automobiles du monde inventera un logiciel permettant d'échapper à la détection du haut niveau de pollution de ses véhicules fonctionnant au diesel. Il n'hésitera de la sorte pas à aggraver les conséquences sanitaires redoutables de la pollution. De grands laboratoires pharmaceutiques tricheront, prendront le risque de faire périr des centaines (scandale du Mediator, un produit français proposé aux diabétiques et hélas prescrit chez les obèses), voire des dizaines de milliers de patients (scandale du Vioxx, un anti-inflammatoire américain d'un nouveau type) pour profiter pleinement de marchés considérables. Le règne de l'argent est aussi celui de la duplicité et de la fraude, même au détriment de personnes dont la valeur « marchande » peut apparaître négligeable aux faussaires et aux tricheurs comparée à l'importance des gains escomptés. Aristote avait définitivement raison, l'accumulation des richesses pour elles-mêmes et non au service d'un dessein laissant toute sa place à l'humain et au respect qu'on lui doit est corruptrice, elle ébranle tous les fondements éthiques des sociétés. Dewi ne peut ignorer ces réalités, d'autant plus choquantes pour une scientifique qu'elles contreviennent à toutes les valeurs de la science et de la recherche académique : la plus stricte honnêteté, un souci permanent d'objectivité, le partage des connaissances, leur mobilisation chaque fois qu'elles le permettent au service de l'humanité. De plus, l'univers de notre héroïne ne pouvait rester à l'écart des ébranlements provoqués partout par l'emprise de l'argent roi. Une partie importante des profits repose sur la valorisation des résultats de la recherche et les innovations techniques auxquelles ils conduisent, en particulier, je viens d'en rappeler de douloureux exemples, dans le champ du médicament. Aucun chercheur en biologie et en de nombreuses autres disciplines ne peut ignorer la logique industrielle des brevets, des licences d'utilisation et mépriser les financements possibles par l'industrie privée. Pire, la logique de la fraude à des fins d'intérêt personnel n'épargne pas les universités et les laboratoires. La plus extrême des vigilances est de mise pour détecter à l'aide de logiciels dédiés les plagiats dans la rédaction des thèses et des articles scientifiques, car leur fréquence a explosé. Des résultats spectaculaires vantés par les médias du monde entier se révèlent parfois reposer sur le plus vulgaire des trucages. Non, décidément, ni Dewi ni moi ne voyons dans la prise de pouvoir sans partage par l'argent en tant que fin et non plus simplement de moyen un progrès dans les conditions de l'épanouissement d'une vie humaine. Ce sentiment est accru encore par l'effarement de la jeune Indonésienne devant les conséquences pour son pays de cette nouvelle religion dont le rituel est la finance. Elle a du mal à admettre que, dans le même temps où les richesses mondiales triplaient ou quadruplaient, les objectifs fixés par les Nations unies de réduction de la sous-alimentation et de la malnutrition, de l'extrême pauvreté, soient si difficiles à atteindre, que les faibles progrès accomplis se paient d'un accroissement des inégalités entre les plus riches et les plus pauvres. Elle a vécu la déforestation sauvage de la forêt équatoriale de Bornéo au profit des plantations de palmiers à huile, a vu exploser les bidonvilles autour de Djakarta et ailleurs dans le pays. Quand Dewi lève le nez de ses travaux si beaux et si prometteurs sur le plan humain, il lui arrive d'être épouvantée du contraste qu'elle perçoit entre ceux-ci et l'inhumaine dureté du monde.

Le pouvoir

Dewi possède du pouvoir sans qu'il ait jamais été dans son ambition de le conquérir. Elle dirige une équipe dont elle a choisi tous les membres et qui lui permet d'accroître son potentiel de recherche, sa célébrité lui confère une influence certaine au sein de la communauté scientifique. Souvent sollicitée, elle juge la qualité des articles soumis par des chercheurs du monde entier à des revues prestigieuses, participe à des comités d'évaluation, à des jurys de thèse. Elle les présidera bientôt, trop souvent à son goût. Pourtant, la scientifique redoute le moment où sa notoriété croissante la soumettra à des propositions de plus en plus fréquentes de prendre des fonctions de direction qui l'éloigneraient du laboratoire. Elle n'a nul désir d'être progressivement accablée de tâches peut-être prestigieuses et associées à un pouvoir accru mais déconnectées du travail à la paillasse, de ne plus connaître que par procuration l'attente anxieuse des résultats et, le cas échéant, l'exaltation de la découverte. Le pouvoir conquis malgré elle par Dewi, de même que sa célébrité et sa confortable situation matérielle ne sont que des conséquences de ses succès, sans avoir jamais constitué son objectif. À tous les âges de la vie, depuis l'école maternelle jusqu'aux maisons de retraite, certains individus se distinguent de leurs congénères par leurs talents, comme notre héroïne, par leur influence et leur autorité, leur charisme, en somme. Ils sont chefs de classe ou de patrouille dans les mouvements scouts, chefs d'équipe, professeurs principaux, contremaîtres, etc. En général, cependant, le ressort principal de l'accès à un poste de responsabilité est le goût du pouvoir pour lui-même, l'une des manifestations de cette volonté de puissance qui constitue l'un des concepts majeurs de la pensée de Nietzsche. Je l'ai déjà évoquée sans la citer à propos de la recherche de la célébrité jusqu'à l'accession au statut de star, de l'appât du gain et de la passion créatrice. Chercheurs, écrivains et autres artistes expriment, bien entendu, une volonté de puissance dans le sens que lui donne le philosophe allemand, l'argent est outil de pouvoir par excellence, il suffit souvent à rendre célèbre, et la célébrité enrichit. La création, artistique ou scientifique, nous l'avons vu, ne peut manquer de se chercher un public, la puissance conférée par la gloire et par l'argent s'exerce directement sur lui. Le goût du pouvoir est quant à lui lié à l'estime de soi qui découle du sentiment de supériorité sur les autres, il est alimenté par leur regard qui témoigne de cette position, qu'il soit admiratif, anxieux, craintif, parfois implorant, toujours attentif. Tout poste élevé protège en principe de l'humiliation de l'indifférence d'autrui, au moins des subordonnés sur lesquels le pouvoir s'exerce.

À l'exception bien sûr des cas de pouvoirs héréditaires, la grande majorité des hauts responsables de toutes les formations, entreprises, institutions et organisations nationales et internationales, publiques ou privées, se recrute au terme d'une carrière à la progression plus ou moins rapide ; c'est ce stade que Dewi voit se profiler avec frayeur. Les étapes peuvent néanmoins être brûlées, au mieux par un potentiel exceptionnel, au pire par la force des armes ou de la fortune, parfois de la ruse et de l'habileté. Pourtant, hormis l'enfant-roi ou l'enfant-dieu, le génie, le jeune capitaine putschiste, l'héritier entreprenant ou l'intrigant sans scrupule, l'âge du pouvoir n'est en général plus celui de la pleine jeunesse. On dénombre peu de présidents avant cinquante ans, quelle que soit la nature de ce qu'ils président : groupe industriel, établissement public, nation, organisation internationale, amicale de chasseurs ou de boulistes. En première analyse, l'explication du phénomène paraît limpide : ce sont là des positions auxquelles on accède en général pas à pas, après avoir accumulé les expériences et fait ses preuves, mais aussi développé les relations nécessaires avec tous ceux dont le concours ou la neutralité sont déterminants. Le phénomène prend toute son ampleur dans des organisations ultra-hiérarchisées et réglementées par les différents rouages par lesquels il faut passer pour espérer parvenir aux responsabilités suprêmes : armées, Églises, partis communistes en dehors des « révolutions de palais ». Les généraux français des deux guerres, les dirigeants chinois et soviétiques après Mao Tsé-toung et Staline, les souverains pontifes et les patriarches n'étaient et ne sont pas de la prime jeunesse. Le système peut même conduire à une authentique gérontocratie, en décalage singulier avec la promotion moderne de l'image idéale du corps jeune. La confiance accordée aux personnes d'expérience peut sembler en phase avec l'idéal méritocratique. Quand bien même Rodrigue, dans *Le Cid*, affirme crânement qu'« aux âmes bien nées la valeur n'attend pas le nombre des années », certains mérites reposant sur l'ampleur des connaissances et la diversité des situations déjà rencontrées et maîtrisées sont en effet cumulatifs. Cela a conduit de tout temps à reconnaître l'importance sous leurs divers avatars des « conseils des anciens », dans l'Antiquité, parmi les sociétés tribales ou à l'époque du Directoire. À la dimension essentielle de l'expérience acquise s'ajoute, dans la tradition, la sagesse censée éclairer les aînés, moins enclins à céder aux emportements, moins prisonniers de leurs pulsions. On pourrait, par conséquent, s'attendre à ce que la rage du pouvoir s'émousse chez les obstinés de l'ascension hiérarchique pas à pas, chez ces seniors aux passions supposées bien atténuées par la sagesse distanciée que confère l'âge. Il n'en est rien, la rivalité de vieux généraux pour accéder au commandement suprême, de cardinaux ou autres dignitaires pour être élus pape ou patriarches, de politiques blanchis sous le harnais et parfois bien décatis pour gagner des élections est souvent féroce et ne le cède en rien à la lutte acharnée de concurrents plus jeunes.

L'âge du pouvoir est le plus souvent en décalage avec l'optimum physiologique lié à la jeunesse, d'ailleurs dans le monde animal humain aussi bien que non humain. L'étalon qui veille sur son harem n'est pas celui des chevaux qui court le plus vite, qui saute le plus haut. Les plus hauts responsables des sociétés humaines, malgré leurs efforts, ne sont pas ceux dont l'apparence réunit les critères en vigueur de la beauté physique, marqués qu'ils sont par leur âge que soulignent souvent, chez les hommes, une calvitie plus ou moins avancée, des cheveux qu'il faut teindre si l'on veut masquer leur grisonnement, un peu d'embonpoint. Même sur le plan des capacités cognitives, de la mémoire, de la rapidité mentale, de l'aptitude à l'abstraction et à la conceptualisation, l'âge des responsabilités est bien souvent très postérieur à celui des performances maximales. Sans aucun doute, il existe, d'une part, des apogées physique et intellectuel, d'autre part, décalé, un apogée du pouvoir. Ce dernier a ceci de remarquable qu'il retarde le début du déclin et en gomme les manifestations les plus douloureuses, celles qu'on lit dans le regard d'autrui. J'ai noté dans un paragraphe précédent qu'être une star conférait une forme indéniable de pouvoir. À l'inverse, une femme comme un homme de pouvoir sont, à coup sûr, des stars, leur position fût-elle la seule explication. Une héritière ou un héritier inculte, peu gracieux et d'intelligence modeste peut être une vedette planétaire en raison de sa fortune et de ce qu'elle permet. Or le pouvoir est aussi un puissant facteur de séduction, l'histoire et l'actualité en témoignent à l'envi. De séduction et, semble-t-il, de stimulant. Tout se passe comme si l'importance d'une situation accroissait à la fois l'attractivité et l'appétence sexuelles des personnes, à moins que la seconde ne soit que la conséquence de la première. L'image du vieux mâle dominant dans le monde des bêtes, de l'étalon sauvage, du grand cerf régnant sur sa horde, du lion à la crinière majestueuse imposant, les uns et les autres, leur autorité aux jeunes mâles venus les défier, impitoyablement chassés avant qu'ils ne deviennent des rivaux, s'impose aussi devant le comportement des puissants de ce monde. Selon toute probabilité, d'ailleurs, ces à-côtés du pouvoir contribuent à la grande difficulté que rencontrent la plupart de ceux qui y ont goûté à le quitter. Le pouvoir est, avec l'industrie cosmétique et la chirurgie esthétique, un moyen efficace de retarder les conséquences du vieillissement, au moins en ce qui concerne l'attrait pour l'autre et l'image que nous renvoie son regard. Rien de plus réconfortant que de lire dans les yeux et les pensées de ses semblables, malgré les ravages de l'âge, de la considération, voire de l'admiration, sinon même du désir. Cependant, quelle impression de vide lorsque le pouvoir seul en constituait l'origine et que ce sentiment d'importance pour ses concitoyens, leur bienveillance ou au moins leur intérêt disparaissent avec la fin des fonctions de responsabilité ! Pour qui n'a jamais appris, grâce, bien sûr, au commerce avec les autres, à se considérer lui-même, à accéder à une certaine autonomie d'appréciation de son être et de ses actes, c'est là cesser d'exister. N'être « plus rien » du jour au lendemain, dans la société, est vécu comme n'être plus, et est donc insupportable. D'où le spectacle fréquent d'anciens dirigeants qui, leurs mandats terminés, en sont presque à implorer qu'on leur confie une mission encore, une mission de plus, même dérisoire, d'une parfaite insignifiance. Pour eux, tout plutôt que de se retrouver face à soi, car ils n'existent guère que par le pouvoir dont ils étaient dépositaires et qu'ils ont perdu. Les plus sages, cependant, savent éviter ce piège et trouver un nouveau sens à leur existence, avant tout dans l'engagement altruiste, dont je reparlerai.

Il est une autre raison pour laquelle Dewi se méfie d'un pouvoir qui s'étendrait indûment au-delà de celui que lui vaut la considération générale portée à ses travaux : sa détermination à protéger au maximum sa liberté de penser et d'agir, si essentielle pour un chercheur. Bien entendu, toute personne autonome est susceptible de se fixer un objectif de conquête d'un pouvoir quelconque, la liberté proprement humaine est celle du projet. Cependant, les conditions du succès et, s'il est au rendez-vous, ses conséquences impliquent toujours d'accepter une limitation plus ou moins sévère de sa liberté d'agir. Il existe des règles pour accéder au pouvoir et, surtout, son exercice impose de faire ce qu'il implique, ce qu'exige la responsabilité qu'on a accepté d'assumer plutôt que ce que l'on souhaiterait sinon. Plus âgé que ma flamboyante héroïne, moins efficace qu'elle peut-être à me préserver de l'attrait des responsabilités hiérarchiques, je me suis trouvé relativement jeune à diriger des structures d'importance croissante : une équipe de recherche, une unité, un institut, une université puis une fédération d'universités et autres établissements d'enseignement et de recherche. J'avais auparavant connu le parcours habituel d'un enfant qui devient écolier, étudiant, jeune père de famille, dépendant puis déjà responsable d'autrui. Faire face aux exigences des responsabilités librement consenties est sans doute l'une des manières d'exercer son autonomie. Pourtant, je tiens à faire part d'une expérience pour moi saisissante. Au terme de mon mandat universitaire, j'ai décidé de changer radicalement de genre de vie et, comme un chemineau vagabond, de me mettre en route sur les chemins de France[1,2]. Mes enfants sont maintenant des adultes autonomes bien installés dans leur vie professionnelle ; ils pourvoient avec amour et efficacité à l'éducation et aux besoins de mes petits-enfants. J'avais alors abandonné toute position hiérarchique, n'étais plus responsable de rien ni de personne si ce n'est de moi. J'avais décidé de mon trajet, de mes étapes, m'arrêtais lorsque le désir s'en manifestait, faisais les détours qu'il me prenait la fantaisie de faire, déjeunais où et quand j'en ressentais l'envie et le besoin. Toutes ces décisions n'impactaient en rien, en bien ou en mal, la vie et la carrière d'autres personnes. Je connaissais en bref, libéré de tout pouvoir et de toute influence sur quiconque, un niveau de liberté jamais éprouvé auparavant de toute ma vie. J'ai trouvé cela magnifique, inouï même.

Le corps

Dewi, je l'ai dit, se montre d'une absolue discrétion pour tout ce qui concerne sa vie privée. Cependant, je la vois jolie femme, de taille moyenne, la peau mate, des yeux en amande d'un vert émeraude profond, les cheveux d'un noir éclatant parfois couverts d'un foulard de Bornéo aux couleurs vives ; elle est soignée et habillée avec recherche même dans sa décontraction. Elle fait à l'occasion preuve d'une coquetterie de bon aloi, porte au cou un bijou en or issu de l'artisanat

---

1. A. Kahn, *Pensées en chemin. Ma France des Ardennes au Pays basque*, op. cit.
2. A. Kahn, *Entre deux mers, voyage au bout de soi*, op. cit.

indonésien, une bague à la main droite décorée d'un diamant bleuté d'environ un carat provenant du territoire des Dayak au Kalimantan. Ce bijou lui vient de son père qui, à la naissance de ses jumelles, acheta deux bagues de même facture, l'une pour elle quand elle serait jeune fille, l'autre pour sa sœur Eka, ornée d'une pierre aux reflets rosés. Cette dernière est pieusement conservée par Purwanti. Des boucles de petite taille pendent aux oreilles de Dewi. Invitée en soirée, elle agrafe souvent une broche ornée d'améthystes et d'obsidiennes à son corsage, sous lequel on devine une poitrine menue mais ferme. Sans être sportive, la jeune scientifique pratique chaque fois que sa vie trépidante de vedette internationale de la science lui en laisse le loisir quelques exercices, nous avons vu aussi qu'elle aime à se promener, elle est attentive à ne pas grossir. Dewi ne néglige pas son corps, elle l'habite avec aisance et a un absolu besoin de s'y sentir bien, elle n'est pas indifférente à l'effet qu'il exerce sur autrui. Je ne doute guère qu'elle ait une vie sexuelle qui la satisfasse mais, je le répète, ne possède aucune précision à ce sujet. Sa religion amène sans doute l'Indonésienne à ne pas mettre en doute la vision dualiste de l'âme et du corps, de l'essence et de l'être, mais elle n'y pense à vrai dire que fort peu et l'« être Dewi » est bien cette jeune femme que j'ai décrite, réservée mais jolie et élégante, chercheuse exceptionnelle, croyante sincère mais tolérante, à la pratique religieuse dénuée de toute ostentation. Il s'agit là d'un individu particulier, d'une personne d'un seul tenant dont l'épanouissement plein ne saurait dissocier ses dimensions physique, sentimentale, émotionnelle et intellectuelle. Si Dewi ne se résume ni ne se limite à son corps, elle ne saurait non plus s'en dissocier. Toute action sur le corps, la manière dont on le regarde, influence en effet l'être. La relation entre le corps et la personne, irréductibles l'un à l'autre mais indissociables l'un de l'autre, fonde la réflexion juridique et éthique pour tout ce qui concerne les agressions, la transplantation d'organes et l'utilisation des produits biologiques humains. La règle est celle de l'indisponibilité commerciale des personnes – l'esclavage est aboli – et de leurs parties, à moins qu'elles ne soient aisément renouvelables et puissent être prélevées sans préjudice pour la santé, ce qui est le cas des cheveux et du lait ; le sperme soulève d'autres questions. Cependant, nous l'avons déjà vu, ces principes sont de plus en plus battus en brèche par la réduction de tout ce qui concerne l'humain à une contrepartie financière, le sang et les cellules sont des marchandises dans la plupart des pays, hélas trop souvent la fonction gestatrice des femmes et les organes aussi. Or l'union indissociable entre la personne et son corps ne peut garder la première indemne de l'objectivation aussi bien que de toute agression du second. C'est là l'une des menaces engendrées par l'emprise croissante de l'argent roi.

Dewi n'a pas eu à souffrir beaucoup elle-même de la dévalorisation de son image qu'entraîne tout regard raciste, car la communauté scientifique, internationale et cosmopolite, ne le connaît pratiquement pas. Il lui est arrivé cependant, en voyage, de s'attirer des remarques insultantes liées à ses origines, juste de quoi stimuler s'il en était besoin son radical rejet de toute attitude de ce type. Elle sait bien que des millions de personnes appartenant aux minorités visibles dans des pays où leurs ancêtres ont jadis été vendus comme esclaves, ou bien dans lesquels ils sont venus eux-mêmes pour se réfugier (et/ou) travailler, doivent vivre chaque jour sous une chape d'indifférence, voire de mépris et d'hostilité, supporter des réflexions dégradantes. Comment habiter sereinement un corps que tant de semblables dénigrent, ne pas être conduit soi-même à alors ne plus le supporter ? Une telle question dépasse le champ des différences ethniques, il concerne, avec au moins la même cruauté, toutes les personnes affectées de handicaps visibles, contrefaites, obèses, très âgées, différentes en somme. Leur situation ne peut cependant être comparée à celle des victimes du racisme : alors que le corps de celles-ci cesserait de constituer quelque problème que ce soit dans une société dont tout racisme serait exclu, les premières auraient encore à vivre avec leur handicap et leur différence radicale. Le rejet manifesté de leur image est toujours vécu aussi en tant que contestation de leur être et, puisque nous avons vu l'impossibilité de les distinguer dans la vie réelle, de leur essence. Même les tenants du dualisme de l'âme et du corps observent les conséquences sur leurs pensées, leur humeur, leurs émotions, leur bien-être de tout ce que connaît et subit leur corps, y compris sa dévalorisation par autrui. À l'inverse, il n'est pas de pensée, de sensation et de sentiment qui ne puissent se manifester au niveau du corps, modifier le rythme cardiaque, l'impression de chaud et de froid, l'écoulement de la sueur, la vascularisation et, par conséquent la couleur et la tiédeur de la peau, et, bien entendu, parfois, l'aspect des organes génitaux excités. L'image d'un cerveau humain siège d'un esprit au fonctionnement totalement indépendant des données corporelles est une évidente absurdité, raison pour laquelle toute maladie grave impacte la personne entière même si elle n'a aucune répercussion neurologique. Dewi cherche à mettre au point un traitement des lésions de l'encéphale aux graves conséquences psychomotrices, mais aussi de celles de la moelle épinière associées à une paraplégie, voire une tétraplégie. Si elle parvient à ses fins, elle rétablira dans les deux cas les conditions d'une vie psychique apaisée. Lorsque, au premier jour de l'année, les parents, amis et voisins se souhaitent « Bonne année, bonne santé », en ajoutant souvent « La santé, surtout, la santé d'abord », l'impression ressentie est, avouons-le, celle d'une tradition un peu ringarde. Nous avons tort, sans doute, ces vœux rappellent une chose essentielle intégrée depuis bien longtemps par le bon sens populaire : la bonne santé, surtout dans le sens que lui donne l'Organisation mondiale de la santé (elle est un état de complet bien-être physique, mental et social, et ne consiste pas seulement en une absence de maladie ou d'infirmité), forme un socle essentiel à l'épanouissement d'une vie riche et belle. Une telle observation n'exclut pas la possibilité pour des personnes lourdement handicapées ou souffrant d'une affection chronique cruelle, pour des étrangers dont l'image, l'expression et les coutumes sont méprisées ou moquées, d'avoir une pensée originale et créatrice, d'être les acteurs malgré tout d'une vie riche que les obstacles rencontrés et les épreuves surmontées rendent plus lumineuse encore. Mais alors, quelle énergie dépensée, rien que pour affronter une adversité de nature ou l'enfer des autres !

Contrainte à surmonter parfois, le corps est avant tout un objet important de l'investissement de la volonté et le médiateur de plaisirs dont la quête occupe une place plus ou moins considérable dans les aspirations et projets individuels. Son évidence amène toujours à lui fixer des objectifs, au minimum de rester silencieux (pour le chirurgien René Leriche, la santé, c'est la vie dans le silence des organes), le plus souvent aussi de se conformer à l'image que l'on désire avoir de soi et montrer aux autres, d'agir sur ces derniers en les impressionnant, les séduisant ou leur inspirant de la crainte, de satisfaire des aspirations et enfin des désirs. Un usage de l'aspect corporel, du visage surtout, dans le but d'influencer son entourage est sans doute une pratique fort ancienne. On peut en effet formuler l'hypothèse que les fragments d'ocre rouge utilisés il y a déjà deux cent mille ans par des primates du genre *Homo*, nos prédécesseurs, servaient en particulier à se grimer, marquer sa peau de signes rituels, qu'évoquent les peintures guerrières, cérémoniales et nuptiales de nombreuses ethnies prémodernes. S'il en est ainsi, l'art de la cosmétique, dont usent toujours les élégantes modernes, et de plus en plus leurs partenaires aussi, serait l'authentique plus vieux métier du monde. Qu'il s'agisse d'accroître le pouvoir de séduction ou de masquer les effets de l'âge, les deux n'étant pas contradictoires, les humains ont toujours porté une attention extrême à leur image, à sa préservation ou à sa manipulation. Le sportif qui va au-delà du jeu et du délassement fait quant à lui de son corps l'outil principal d'un défi qu'il se lance et lance à ses concurrents. À la limite c'est, pour une période déterminante de sa vie, à la fois le lieu principal et le moyen de la réalisation d'un projet qui mobilise l'essentiel de son énergie psychique. L'esprit est alors mobilisé pour préciser les objectifs et les faire évoluer, pour acquérir la meilleure maîtrise du corps, lors de l'entraînement aussi bien que des compétitions, et tenter de le conduire à la victoire, au moins sur soi et au mieux sur les autres compétiteurs. L'assimilation alors entre les projets de l'être et le corps sommé de les réaliser, la fixation psychique sur la performance qu'on s'est fixé le but d'atteindre créent les conditions optimales du dopage, qui n'est guère contradictoire avec l'esprit dominant sinon avec les règles de notre temps. L'objectif majeur assigné à chacun est la réalisation personnelle, ce qui concorde bien avec l'une des dimensions de l'ambition sportive. Cependant, je l'ai déjà évoqué en traitant des pouvoirs de l'argent roi, l'accent est mis bien plus sur le succès que sur les moyens employés pour le construire, à condition, bien entendu, de n'être pas pris en défaut pour fraude. Les contraintes imposées aux compétiteurs sportifs sont par ailleurs hypocrites et incitent au dopage. Les spectateurs, pense-t-on, s'accommoderaient mal d'une chute brutale des performances rendant les épreuves moins spectaculaires. Imaginons, par exemple, que le rythme du Tour de France ralentisse brutalement, que les cols soient grimpés à l'allure d'il y a trente ans, l'intérêt du public ne s'effondrerait-il pas ? Aussi, édicte-t-on certes des listes de substances prohibées et met-on en place des contrôles censés démasquer les contrevenants mais, dans le même temps, impose-t-on des conditions de course et des niveaux de difficulté peu compatibles avec la consommation d'eau de source comme seul réconfortant. Un autre phénomène plus psychologique incite lui aussi au dopage et à la mise en danger des sportifs, même en dehors d'un « sport-spectacle » aux enjeux financiers considérables. Les amateurs, voire les forcenés des défis solitaires, fixent parfois à leur corps des objectifs tout personnels qu'il leur devient indispensable d'atteindre pour conserver l'estime d'eux-mêmes. À la limite se crée une confusion totale entre l'être et son corps alors que, s'ils sont en effet indissociables l'un de l'autre, ils restent aussi en principe irréductibles l'un à l'autre. Il peut alors apparaître essentiel, presque vital, pour ne pas déroger à l'image exigée de soi, de surmonter une épreuve presque initiatique qu'on s'est imposée : courir le marathon en moins d'un certain temps, enchaîner l'ascension de plusieurs sommets de huit mille mètres dans un délai donné, hypertrophier ses muscles par une pratique intensive du culturalisme même si cela exige pour y parvenir de se doper et de mettre sa vie en danger. Toujours partenaire de la réalisation des aspirations individuelles, le corps peut au final en devenir la condition essentielle, voire être confondu avec le dessein de la personne, qui tend à s'y réduire alors. Il y a dans ce cas radicale réduction de l'éventail des manifestations de l'être et de la sorte des perspectives de son meilleur épanouissement.

Dewi n'est pas indifférente à la bonne chère et, nous l'avons vue, est sensible à la beauté, de la science, certes, mais aussi de la nature, de la musique, des arts plastiques et de la poésie. Elle ne dédaigne pas de se parfumer et aime à s'enivrer de la puissante senteur des fleurs de chez elle. Dans tous ces cas, ses organes des sens transmettent à des aires cérébrales spécifiques les influx nerveux engendrés par les sons, les images, le toucher, les odeurs et le goût. D'autres régions cérébrales et, finalement, le cortex sont ensuite mobilisés pour donner sens à ces perceptions sensorielles. Sens et aussi valeur, en les associant à d'autres images mentales enfouies en sa mémoire selon le modèle de la madeleine de Proust, dont l'odeur, avant qu'elle ne soit trempée dans le thé, éveille et anime d'un coup chaque détail d'un monde de l'enfance disparu. L'enchaînement sensation, perception, cognition, souvenir et émotion est le moyen principal de la communication permanente que le corps permet entre le monde et l'être auquel il est rattaché, sa fonction principale est d'assurer la transmission des éléments perçus de l'environnement vers l'esprit. C'est là, par conséquent, une condition favorable à l'accès à maints plaisirs essentiels à l'équilibre d'une vie humaine ; les personnes affectées de déficits sensoriels se trouvent confrontées au défi de les compenser grâce à l'accroissement des performances des sens préservés ou à un enrichissement de l'autonomie des images mentales privées des ressources de la perception : faire en sorte que le cerveau voie les images que les yeux ont cessé de transmettre, sente les odeurs en dépit de l'impuissance des papilles olfactives à les détecter.

Comparée aux plaisirs tirés des messages que les sens transmettent, la jouissance sexuelle possède un statut singulier en ce qu'elle repose pour une large part sur une manifestation propre du corps, qui en informe sans détail l'esprit. Un peu comme dans le cas inverse de la douleur, c'est un signal intense mais simple qui stimule ici la conscience, et non pas une information complexe de type sensoriel. En d'autres termes, on peut voir, sentir, toucher, goûter d'innombrables choses, images, odeurs, êtres, objets ou mets. En revanche, la sensation de jouissance fait irruption dans la conscience, la sidère parfois, conduit à en remodeler le cours, par sa fulgurance mais non par sa richesse sémiologique. Il est probable qu'Eka ait pu la ressentir aussi bien que Dewi, alors que les conséquences psychiques en seraient toutes différentes chez les deux jumelles. C'est pourquoi les femmes et les hommes, ou les amoureux d'autres types de couples, gardent souvent un vif souvenir de tout ce qui a accompagné une rencontre amoureuse : le plaisir de se découvrir ou de se retrouver, l'éveil du désir, sa montée en puissance. La promenade main dans la main, les baisers à la sauvette, le spectacle auquel on assiste serrés l'un contre l'autre, le repas partagé, les mains qui s'effleurent, les genoux qui se touchent, les jambes qui se frôlent, le regard étincelant de l'aimé(e), la conversation qui tente parfois, malgré la bouche sèche, la gorge serrée, de masquer pour un instant l'évidence que seul le désir devenu brûlant importe alors, les prémices de l'accouplement, ce qui le suit, le cas échéant l'émerveillement au réveil, la tendresse qui submerge les amants, tout cela peut rester gravé dans la mémoire et être conté. En revanche, l'orgasme en lui-même n'appose guère dans la mémoire qu'une vague empreinte par son intensité et sa répétition éventuelle, il sera bien difficile de le décrire, il ne laisse en réalité qu'un souvenir faible et vague. Femmes et hommes évoquent la montée du plaisir, les seconds l'éclair qui la conclut et les foudroie, puis le tonnerre dont l'écho se dissipe rapidement tandis qu'ils s'éteignent en leur partenaire, expirant d'un coup l'énergie mobilisée ; les femmes comparent parfois leur orgasme à l'eau jaillissant après que la pierre lancée à toute volée a touché sa surface, puis aux ondes successives de ses ricochets qui, hélas, s'atténuent peu à peu. Les effets de ce signal sans fioritures sont pourtant conséquents, de nature hormonale et psychique. L'apaisement de l'extrême tension sexuelle induit souvent une bienfaisante langueur, les amants s'assoupissent, un instant ou une nuit, blottis l'un contre l'autre. La sécrétion provoquée de prolactine est l'un des médiateurs humoraux du renforcement habituel du lien entre les partenaires, elle contribue de la sorte à ébaucher la constitution de l'être hybride au psychisme en partie partagé que devient parfois le couple. C'est sans doute pourquoi le seul donjuanisme et la répétition frénétique des orgasmes ne suffisent en général pas à édifier ces épiphanies amoureuses dont chacun peut rêver et qu'il n'oubliera jamais. Cela explique d'ailleurs un tel comportement répétitif à la recherche désespérée de ce que l'on n'a pas connu mais dont on conserve pourtant l'espoir et le désir toujours déçus. J'espère que Dewi a vécu l'amour physique, la jouissance, l'apaisement, l'attachement, elle est si jeune encore et si belle. Je le crois quand je la vois assurée et conquérante, conscient pourtant que, peut-être, sa passion de la science et des satisfactions qu'elle réserve rend son épanouissement personnel moins exclusivement dépendant que pour d'autres de la passion amoureuse, dont elle pourrait avoir en partie transféré le désir sur l'excitation de la recherche.

L'engagement

La question d'un engagement au service de la communauté humaine est pour Dewi consubstantielle de sa raison d'être, en tant qu'elle est une scientifique dévouée à la science, à son partage, et mobilisée en faveur de toutes celles et de tous ceux qui pourraient en voir leur vie améliorée, parfois transformée ou préservée. Nombreux sont les métiers qui partagent peu ou prou ce statut, ceux du soin, de l'accompagnement, de l'enseignement, de la protection des personnes, etc. En principe, l'action politique devrait être rapprochée de cette liste. En effet, sa grandeur théorique tient dans le combat en faveur de solutions que l'on juge favorables aux citoyens et que l'on se propose de contribuer à mettre en œuvre. La légitimité d'un tel engagement suppose deux conditions complémentaires : la sincérité d'une conviction et le sentiment qu'on est la personne en situation la plus apte à la faire triompher, et à participer ainsi à l'amélioration du sort et des possibilités d'épanouissement de ses concitoyens. Hélas, tout se passe de nos jours comme si les candidats à une fonction élective publique avaient pour la plupart renoncé à croire possible autre chose que ce que les circonstances imposent à l'heure d'une mondialisation de l'économie et des idées. Leurs motivations sont alors dominées par le sentiment d'un destin personnel, une ambition d'ailleurs en soi légitime, un goût du pouvoir qui requiert en général le respect de logiques claniques. La vie politique garde certes sa légitimité, et la démocratie continue d'être, selon l'expression de Winston Churchill, le pire des systèmes à l'exception de tous les autres. Les femmes et les hommes qui l'animent peuvent être de qualité. Pourtant, je ne suis pas persuadé que ce type d'engagement mérite encore, au moins à un niveau élevé, d'être qualifié d'altruiste.

Qu'en est-il de l'implication des intellectuels dans la vie de la cité ? Cette question est discutée depuis au moins le XVIIe et surtout le XVIIIe siècle, même si le terme d'intellectuel est, lui, plus récent. Son actualité est contemporaine des Lumières européennes, françaises avec Voltaire et les encyclopédistes, écossaises avec les pères du libéralisme politique et économique. Le débat marque le passage, en réalité progressif, d'une contribution des savants, écrivains et artistes à l'enrichissement des arts, des lettres et des sciences, à leur intervention dans le débat public. À la fin du XIXe siècle et, surtout, dans la première moitié du XXe siècle est apparu le concept d'intellectuel engagé, c'est-à-dire mobilisant certes sa pensée et ses savoirs pour enrichir le débat mais aussi pour renforcer une force politique particulière, le communisme, le fascisme, le socialisme, le libéralisme, la pensée chrétienne ou autre. Les noms de Heidegger, Arendt, Hemingway, Steinbeck, Chaplin, García Lorca, Gramsci, Camus, Sartre, de Beauvoir, Aragon, Brasillach, Céline, Aron, Weil, Mauriac, Bernanos, Valéry et bien d'autres sont dans tous les esprits. Entrer dans le débat pour un intellectuel n'implique pas de désirer rester au-dessus de lui, de le surplomber, il est compatible avec l'engagement, le cas échéant partisan. Cependant, la spécificité de l'intellectuel est d'apporter toujours un élément complémentaire à la discussion des problèmes abordés du fait de ses compétences, de son expérience et de sa familiarité avec le maniement de la pensée. On attend de lui du « grain intellectuel » à moudre, de la matière à penser originale. La dissipation de nombre d'illusions idéologiques, les errances des intellectuels qui ont couvert de leur prestige l'inqualifiable, l'impardonnable barbarie nazie et la folie sanguinaire stalinienne ont entraîné une nette tendance d'une partie du monde intellectuel au désenchantement et à la réserve prudente. D'autres ont, de manière plus ambitieuse, analysé les mécanismes conduisant des personnes qui faisaient profession de penser à de tels égarements. Ainsi en est-il d'Hannah Arendt et d'Albert Camus, dont je m'apprête à évoquer les thèses.

Le développement impétueux des réseaux sociaux et les menaces que le *big data* fait peser sur les libertés (voir le paragraphe « Penser » p. 127) ont encore changé la donne. Dans les différents courants de pensée et, surtout, dans l'entre-deux et ventre mou des idées convenues dont on ne saurait se déprendre qu'à ses dépens se sont mises en place des milices virtuelles chargées de débusquer toute déviance par rapport à la position « convenable », celle à laquelle on nous enjoint de nous tenir. Le *big data* permet, lui, de retrouver le mot malheureux avancé dans un débat des années auparavant. C'est alors, chaque fois, des déchaînements incroyables, des centaines, des milliers d'internautes clament leur indignation télécommandée et le plus souvent mal informée, utilisent les mêmes termes, parfois à l'unisson et d'autres fois dans des directions opposées ; ils sont relayés par la totalité des médias, qui dénoncent les contrevenants accablés et désignés à la vindicte publique. C'est atterrant et entraîne de la part des intellectuels des comportements divers qui sapent les uns et les autres la spécificité de leur apport à la société : soit une retraite sous leur tente d'esthètes érudits qui ne peuvent condescendre à participer à tant de médiocrité, soit un plongeon dans la mêlée sans n'y apporter rien de l'ordre de la véritable vie intellectuelle. On assiste alors au silence assourdissant de la plupart et à l'encanaillement médiatique de mauvais garçons, pour certains dont on comprend le désir de répondre coup pour coup mais qui laissent alors au vestiaire leur raison d'être, intervenir dans une discussion complexe en y apportant un angle de vision différent de celui des autres protagonistes. C'est vraiment là un spectacle désolant et une évolution préoccupante en ce que s'évanouit la possibilité d'une contribution propre des intellectuels à la vie de la cité.

Albert Camus est un prototype de l'intellectuel dans la cité, il s'est trouvé confronté à l'hostilité violente des fidèles se réclamant des courants de pensée les plus importants de son temps, les marxistes, les surréalistes et les existentialistes sartriens. Il est vrai qu'il ne les a guère ménagés. Il a consacré tout un pan de son œuvre à tenter de préciser le bon niveau de l'engagement, de la révolte contre un état du monde et des relations humaines impossible à accepter. Son essai le plus polémique, *L'Homme révolté*[1], a déchaîné à sa parution en 1951 une polémique violente. Excepté quelques amis tel Louis Guilloux, tous sont tombés sur le dos de Camus, auquel des masses d'écrits vengeurs ont été consacrés. S'avisant de ce que *La Peste*[2] publiée quelques années auparavant devait être relue à l'aune des analyses de l'essai, cette œuvre a elle aussi fait les frais de cette tempête. Les idées de Camus sont connues, il les rappellera avec clarté en 1957 dans son discours de réception du

---

1. A. Camus, *L'Homme révolté*, Gallimard, 1951.
2. A. Camus, *La Peste*, Gallimard, 1947.

prix Nobel à Stockholm. L'homme est révolté ou n'est pas. En effet, ses aspirations sont bridées par l'oppression ou l'absurdité du monde, il ne peut pour être ni accepter la domination de maîtres, ni celle du néant, il se révolte donc. Cela prend, depuis la fin du XIXe siècle, la forme du nihilisme, négation de toute transcendance oppressive, de toute valeur préétablie et restrictive du désir de puissance au cœur de l'aspiration à l'épanouissement. Cette pensée risque cependant de conduire à un avenir vide et absurde qui suscite lui aussi la révolte. Pour échapper à ce dilemme, les révoltés modernes ont choisi la révolution, ils se sont lancés à la poursuite, dans le sens de l'histoire, d'un projet de « surhumanité », sorte de parousie ultime dans laquelle seront consacrées les seules valeurs acceptables, celles de l'homme nouveau. Le ressort de la révolte est la défense de l'humanité en l'être, si bien que tout ce qui la nie, qui consent au crime comme moyen d'accéder aux fins de l'histoire, fait perdre toute légitimité à la révolte, à moins que le criminel n'accepte par sa mort d'en payer le prix. L'anarchiste terroriste en guerre contre une société liberticide, qui attend, qui espère la mort après avoir commis son attentat trouve grâce aux yeux de Camus, quoique son action débouche sur l'absurde. Gageons que l'auteur n'aurait pas considéré avec la même indulgence le kamikaze islamiste s'attaquant à la liberté et à l'humanité de l'homme. En revanche, le révolutionnaire qui devient oppresseur et assassin ainsi que toutes les idéologies qui l'ont nourri sont l'image du mal dans nos sociétés. Faut-il alors se résigner au monde tel qu'il est, inacceptable et révoltant ? Non, nous dit Camus, il existe une voie étroite au midi de l'homme, celle de la mesure. Le Dr Rieux, le médecin obstiné qui s'affaire à hauteur humaine dans Oran décimé par la peste, tout entier dans l'action au présent, acharné à chaque être et sans inscrire son combat dans les sublimes desseins de l'histoire, l'illustre ; il est le modèle du révolté modeste mais légitime aux yeux de Camus, l'exemple aussi d'un humanisme du concret et de l'instant. *Les Temps modernes* de Sartre, les surréalistes, les communistes et leurs compagnons de route, c'est-à-dire la grande majorité des milieux intellectuels des années 1950, ne pouvaient qu'être ulcérés par ces thèses en totale contradiction avec l'historicisme de la pensée dominante. On fera en creux le procès d'un humanisme bourgeois et de la résignation. L'importance en ces années 1950 des communistes et de Sartre contribuera sans doute à ce que se répande dans les milieux intellectuels et universitaires français l'image d'un Camus philosophe facile pour apprentis bacheliers et potaches boutonneux. Pourtant, je suis persuadé que Dewi a lu *L'Étranger*, probablement *La Peste*, mais sans doute pas les ouvrages phares de Sartre. J'ai la conviction que, dans le futur, le premier restera au panthéon de la littérature et de la pensée. Cela ne va pas de soi en ce qui concerne Sartre, ou au moins l'existentialisme.

L'analyse par Camus de l'incontestable grandeur d'un engagement à hauteur d'homme, irréfutable, est en plein accord avec la profusion moderne des organisations non gouvernementales, celles des « *french doctors* » et toutes les autres. Leur nombre et leur dynamisme constituent une réponse assez réconfortante à la dissipation des illusions idéologiques et au paysage déjà déploré ici de sociétés dont les citoyens sont, sinon, dévoués au culte du dieu argent et mobilisés pour la poursuite de leurs desseins individuels, sans souci consistant du bien commun. La déception inéluctable qui attend tous ceux dont les seuls projets sont de cet ordre devrait induire un incontestable intérêt pour l'action militante au service d'autrui, dans les secteurs de l'humanitaire, de l'éducation, de la diffusion de la culture, de l'agriculture, de l'économie solidaire, de la défense des enfants, de la promotion des femmes, de la préservation de l'environnement, etc. Un tel engouement se manifeste de plus en plus, aussi bien chez ceux dont l'activité professionnelle est par nature altruiste que chez les autres. On trouve certes dans ces mouvements des professionnels de santé et des enseignants mais aussi de nombreux salariés du secteur privé à finalité industrielle et commerciale, cadres et employés, qui tâchent de prendre une disponibilité sans solde lorsque cela n'est pas trop périlleux pour la suite de leur carrière, ou bien décident de réorienter leur vie en ce sens une fois leur retraite prise. Nombre de milliardaires ressentent eux aussi un jour le besoin d'actions solidaires. Chez tous, la question du sens qu'ils veulent en fin de compte donner à leur vie les a amenés à en observer les insuffisances, la place trop limitée consacrée au service du prochain, selon le terme consacré par les chrétiens. Bien entendu, l'un des ressorts psychologiques de l'engagement altruiste est la satisfaction de soi qu'elle induit, l'image valorisante qu'elle présente à l'esprit de l'acteur ainsi engagé, l'accroissement de l'estime de lui qui en résulte, directement et par le biais du regard approbateur et louangeur d'autrui. Si toute action bonne, selon ma typologie du terme, c'est-à-dire bénéfique aux autres, était une épreuve répugnante, douloureuse et perturbante pour ceux qui l'accomplissent, il n'y aurait guère de bonté en ce bas monde, encore moins de saintes et de saints. La mobilisation pour d'autres que soi est gratifiante en elle-même, mais elle l'est aussi en tant qu'action le plus souvent collective, en rupture avec l'individualisme dominant. C'est pourquoi l'engagement solidaire est une vraie condition d'un épanouissement réel de nos semblables.

Joies et bonheur

Saint-Just monte le 13 ventôse de l'an II (3 mars 1794) à la tribune de la Convention et propose au nom du Comité de salut public un décret en vue de recenser les indigents et de leur attribuer les biens enlevés aux contre-révolutionnaires. Il déclare avec fougue : « On trompe les peuples de l'Europe sur ce qui se passe chez nous. On travestit vos discussions. On ne travestit point les lois fortes ; elles pénètrent tout à coup les pays étrangers comme l'éclair inextinguible. Que l'Europe apprenne que vous ne voulez plus un malheureux, ni un oppresseur sur le territoire français ; que cet exemple fructifie sur la terre ; qu'il y propage l'amour des vertus et le bonheur ! Le bonheur est une idée neuve en Europe. » De fait, l'idéal magnifié par les Lumières d'un droit des femmes et des hommes au bonheur sur terre s'est répandu bien au-delà des limites de notre continent. Même les croyants d'aujourd'hui, Dewi pour ce qui la concerne, ne sont plus pour la plupart prêts à le sacrifier à l'espoir d'un paradis dans l'au-delà. Être heureux est par conséquent le plus petit dénominateur commun de tous les projets de vie des humains. Mais de quoi s'agit-il exactement ? Quelles relations existe-t-il entre les plaisirs, la joie et le bonheur ?

Certains parmi les plaisirs sont certes purement intellectuels, ceux que l'on prend à l'évocation d'un événement heureux, d'une scène érotique, d'une lecture délectable ; pourtant, ils impliquent en général le corps, qui transmet une sensation agréable à l'esprit ou l'informe d'un orgasme, comme nous venons de le discuter. Les plaisirs ne durent que le temps de l'événement qui les provoque, ils sont par conséquent toujours temporaires et peuvent laisser après qu'ils se sont dissipés soit un souvenir délicieux, une apaisante mais brève sensation de satiété, soit encore une douloureuse impression de vide, de manque susceptible d'induire bien vite la recherche effrénée d'un nouveau plaisir pour prendre la relève sans tarder. Dans le premier cas, peut s'installer un état de l'esprit, une humeur propice à l'optimisme et au bien-être qui tend à éclairer de couleurs belles et douces tous les autres événements auxquels on est confronté, à engendrer des pensées plaisantes et gaies ; on voit la vie en rose, la joie s'est invitée. C'est celle des deux amants éveillés par les premiers rayons du soleil caressant doucement le visage aimé, puis qui, face à face à la table du petit-déjeuner, restent émerveillés de la beauté de la vie et du monde qu'ils envisagent sur l'instant. Ce type de joie n'est en rien inaccessible à Dewi mais elle en connaît aussi d'autres, immenses, je l'ai rapporté, dans l'exercice de son métier. Il faut soi-même y avoir été confronté pour comprendre la félicité s'emparant du chercheur qui découvre, ébloui et ému, que ses efforts ont débouché sur une découverte magnifique. La joie se lit aussi dans les yeux de choristes chantant à l'unisson, s'entend à travers les rires qui fusent durant une réunion entre amis. Sans avoir la brièveté des plaisirs, elle est cependant temporaire, elle s'atténue, peut être chassée par les soucis et les contrariétés auxquels elle a pourtant permis dans un premier temps de mieux résister. La caractéristique du bonheur, état durable de l'être et non pas seulement de l'esprit, est d'être favorisé par les plaisirs et les joies mais de ne s'y pas réduire. Il existe une différence de nature entre, d'une part, la proclamation de Saint-Just : « Le bonheur est une idée neuve en Europe », l'injonction de l'officiant qui vient de marier un couple : « Allez et soyez heureux », la dernière phrase des contes pour enfants : « Ils furent heureux et eurent beaucoup d'enfants » ; et, d'autre part, le cri de guerre des étudiants révoltés de mai 1968 en France : « Jouissons sans entraves. » Les soixante-huitards avaient sans aucun doute une aspiration au bonheur, qu'ils voyaient se profiler dans l'action militante capable de retrouver « sous les pavés, la plage », dans le défi lancé à tous les contempteurs des plaisirs, bourgeois moralistes, religions mortifères et autres pisse-vinaigres. La dénonciation des entraves au bonheur ne remplace cependant pas l'identification des voies qui y mènent.

De fait, l'aspiration à une jouissance sans entraves des gauchistes parisiens de mai 1968 en a conduit certains, dans la droite ligne d'un individualisme libéral triomphant sur les ruines fumantes d'idéologies collectivistes dont le passif se monte à des dizaines de millions de morts, à se couler avec aisance dans la recherche frénétique de l'argent et celle des plaisirs, objectifs mieux adaptés à la santé économique du pays qu'à la poursuite du bonheur. En effet, je l'ai déjà relevé, la satisfaction tirée de la fortune est par essence relative, son seul absolu consistant en la certitude de n'être sur ce point dépassé par personne, ce qui est bien difficile et, en toute éventualité, instable et anxiogène : les concurrents et les jaloux sont si nombreux !

Les riches ont au moins les moyens de se procurer tout ce qui leur fait envie avant qu'ils ne le possèdent, mais les laisse vite indifférents après qu'ils l'ont eu, en quête d'une nouvelle acquisition, d'une nouvelle conquête. Le consumérisme compulsif ainsi enclenché est une bénédiction pour les affaires mais ne peut que déboucher sur la frustration, comme d'ailleurs la consommation frénétique de sexe ou de drogues variées. Cette frustration contribue à amplifier le consumérisme et a même créé un nouveau marché des plus florissants. Puisque chaque consommateur est enjoint d'accéder au bonheur par ses propres moyens, de faire prospérer ses potentialités et d'en user à cet effet, mais que cela se révèle impossible, notre société propose aux déçus de recourir à tout un éventail de manuels, ouvrages, revues spécialisées, officines, séances de coaching remplaçant de plus en plus souvent les cures psychanalytiques d'antan. Il s'agit chaque fois de montrer aux frustrés les chemins de leur « développement personnel », expression magique du XXIe siècle. En quelque sorte de leur fournir une espèce de topoguide signalant tous les dangers du parcours, les moyens d'y échapper, comment contourner les obstacles, passer les crevasses, franchir les cours d'eau, éviter les avalanches et se protéger des orages afin de parvenir, grâce à beaucoup d'efforts et d'abnégation, à contempler enfin dans l'allégresse la magnificence de son nombril. Les ouvrages qui traitent de développement personnel se vendent dix fois mieux que ceux qui abordent la question de l'aide à apporter aux damnés de la terre, ils font parfois la fortune des librairies ou assurent au moins leur survie, c'est là pour moi leur vertu principale. C'est sinon une mode d'un égotisme vulgaire qui me hérisse, et par ailleurs, bien entendu, une méthode impuissante à apporter le réconfort souhaité, excepté aux auteurs de ces niaiseries, à leurs éditeurs et aux valeureux libraires. Ce qui est d'ailleurs une excellente chose pour le marché du livre puisque les déçus seront incités à se reporter sur de nouveaux manuels. Hélas, même au terme d'un long nomadisme littéraire, le consommateur sera inévitablement conduit à admettre que, seul et délaissé par quiconque d'autre que soi, son nombril se révèle d'une infinie tristesse. Tout reste par conséquent à faire.

Pour Spinoza, vouloir être heureux coïncide avec le *conatus*, manifestation de la propriété de dame nature à « persévérer dans son être[1] ». Acceptons cette conception fort générale en ajoutant cependant que la persévérance de l'être est fort différente selon sa nature, par exemple dans le cas d'un loup, d'une brebis ou d'un cheval. Le bonheur animal équivaut pour l'essentiel au bien-être ; il impliquera pour la brebis de n'être pas mangée par le loup, pour ce dernier, à l'inverse, de se rassasier de celle-là. Le cheval au pré avec des congénères, disposant de surface pour s'ébattre, d'herbe grasse et d'eau claire, de quoi se protéger des rayons du soleil, des taons, de la pluie battante et

---

1. B. Spinoza, *Éthique*, Flammarion, 1993 (1677).

du grand vent, se délectant parfois de pommes et de carottes, s'accouplant lorsque le signal de la nature lui en est donné, sera vraisemblablement heureux. Tous ces éléments valent aussi pour nous, humains, la description du jardin d'Éden de la genèse et des paradis dans diverses religions l'illustre. Ève et Adam, libres, insouciants et nus dans un paysage ensoleillé où de grands arbres dispensent une ombre fraîche et portent des fruits appétissants, où coulent le miel et le lait, où il est possible d'étancher sa soif en buvant l'eau claire de ruisseaux qui serpentent dans de vertes prairies, vivent dans une félicité complète, que le péché originel leur ôte. Leurs successeurs n'auront de cesse de retrouver un tel paradis, en le rejoignant après la mort pour les croyants d'antan, sur terre pour la majorité de nos concitoyens aujourd'hui. Cependant, il y a fort à parier que vivre à l'aise dans un environnement idyllique tel celui décrit par la Bible et n'y avoir d'autre activité que de s'y trouver bien risque vite d'être lassant. Durant ma pieuse jeunesse, je me disais déjà que le séjour parmi les bienheureux à chanter des psaumes célébrant la gloire de Dieu devait vite devenir ennuyeux, même accompagné de belles dames. Dewi quant à elle n'est pas emballée non plus par le programme proposé au paradis d'Allah, pourtant plus attrayant que celui des chrétiens, et espère qu'on lui laissera au moins la possibilité de continuer à s'y intéresser à la science. C'est que l'être humain est indissociable de l'univers de ses projets et de ses aspirations. Certes, il lui est en principe possible de n'en avoir presque aucun, si ce n'est de l'ordre d'un bien-être animal, mais on ne peut plus parler dès lors de bonheur proprement humain. Lorsque

Voltaire nous dit que pour être heureux « il faut cultiver notre jardin[1] », on doit l'entendre comme celui de l'homme et non pas un lopin de terre avec des massifs et des plates-bandes sur lesquelles poussent des légumes et des fruits. L'être jardinier qui aspire à persévérer a le projet de cultiver mille plantes diverses, l'amour, la beauté, l'écriture, la science, le sport, les enfants, le dévouement à ses semblables, etc. La proposition de Spinoza mérite de ce fait d'être énoncée différemment lorsqu'elle s'applique aux humains : leur bonheur consiste à ressentir ce qu'ils vivent en plein accord avec leurs aspirations, à connaître au présent, et au-delà, ce dont ils avaient rêvé. Dewi, volant comme elle l'avait toujours espéré de succès en succès dans une recherche dont elle connaît toutes les potentialités thérapeutiques, bien dans son corps et dans son esprit, est heureuse. Elle pense bien sûr parfois à ce père et à cette petite sœur qu'elle n'a pas connus, mais cette évocation accroît plutôt son désir de leur montrer, où qu'ils soient, que leur sang bouillonnant en ses veines contribue à ses réalisations si belles. Sont heureux aussi cette femme et cet homme épris l'un de l'autre dont le rêve a toujours été de fonder une famille, qui ont ensemble de beaux enfants aimés et aimants qu'ils aident à se construire et dont ils observent la bouleversante éclosion ; cet agriculteur rencontré sur les flancs du mont Mézenc en Haute-Loire, qui a parcouru la France à la recherche d'un terrain indemne de toute pollution, l'a trouvé, y a semé son grain et en a tiré un pain dont la vente a permis à lui-même et à sa famille de bien vivre des

---

1. Voltaire, *Candide*, Larousse, 2011 (1759).

décennies durant ; le kabbaliste qui a passé une vie à interpréter des textes passablement obscurs, les éclairant peu à peu d'un jour nouveau ; moi-même parti sur les sentiers en quête de la beauté et, comblé par les plaisirs de la marche, qui l'a rencontrée si souvent, en a été submergé de joie et a même vécu la sidération du sublime. Parfois, le bonheur est une rencontre fortuite, découvert comme au détour du chemin ; il fait malgré tout naître alors bien vite le désir d'y persévérer et s'intègre alors à la définition proposée.

Empruntant au style de M. de La Palisse, observons cependant qu'une première condition du bonheur est d'éviter autant qu'il se peut tout ce qui engendre le malheur, ou au moins de pouvoir et savoir le surmonter aussi rapidement que possible. La faim, la misère, la maladie, les accidents, les deuils, la perte de son emploi, les chagrins d'amour constituent autant d'obstacles dont certains jalonneront obligatoirement toute existence, il n'est pas de recette magique pour les éviter. Deux autres écueils se présentent nécessairement sur la voie du bonheur, l'image de la mort certaine et le poids écrasant des normes auxquelles un être conscient ne peut qu'être sensible et qui nous entourent de toute part : interdits psychologiques, tabous (le « surmoi » de Freud[1]), morale officielle, codes culturels et sociaux, lois, règles hiérarchiques, etc. Quatre stratégies sont mobilisées pour faire face et s'efforcer d'être heureux, malgré tout : le refoulement et l'oubli, la religion, la philosophie, la dérision et le rire, enfin. Nous ne pensons

---

1. S. Freud, *Le Moi et le Ça*, in *Œuvres complètes*, vol. XVI, PUF, 1991 (1921).

heureusement pas en permanence à notre fin, toujours possible demain, en toute éventualité certaine à terme. L'âge avançant, sa perspective devient plus présente à l'esprit et pèse nécessairement sur l'humeur des personnes. Les croyants ont depuis sans doute les premiers temps de l'humanité eu recours à la « pensée magique », chamanique puis religieuse, pour apprivoiser la camarde, la transformer en une étape permettant l'accès à une existence éventuellement meilleure que celle connue sur terre, monde des esprits et des ancêtres puis, bien plus tard, paradis pour les élus. La recette n'est pourtant pas d'une efficacité assurée, comme en témoigne, dans *Le Dialogue des carmélites*[1] de Bernanos, la terrible agonie de la première mère supérieure, puis sa mort misérable, vaincue par l'incertitude et la panique à l'issue d'une vie exemplaire. La philosophie d'Épicure est-elle plus efficace pour atténuer l'angoisse de la mort ? Dans sa *Lettre à Ménécée*, le philosophe, conscient qu'une telle angoisse constitue une barrière infranchissable sur la route du bonheur, nous recommande le détachement, l'ataraxie. En effet, « celui de tous les maux qui nous donne le plus d'horreur, la mort, n'est rien pour nous, puisque, tant que nous existons nous-mêmes, la mort n'est pas, et que, quand la mort existe, nous ne sommes plus. Donc la mort n'existe ni pour les vivants ni pour les morts, puisqu'elle n'a rien à faire avec les premiers, et que les seconds ne sont plus ». Ces sages pensées ont, hélas, encore moins le pouvoir d'exorciser la terreur du trépas que la foi profonde. En effet,

---

1. G. Bernanos, *Le Dialogue des carmélites*, Le Seuil, coll. « Points », 1996 (1949).

PROJETS, AMBITIONS ET BONHEUR

Épicure parle à la raison, or la peur de la mort est de l'ordre d'une émotion prompte à s'en libérer. Reste la quatrième approche, celle de la dérision et du rire. J'ai proposé dans mon ouvrage *L'Homme, ce roseau pensant*[1] qu'ils sont toujours provoqués par la transgression dédramatisée d'une norme. Quelques années après la parution de cet ouvrage, l'examen pour l'obtention du brevet français de technicien supérieur a proposé aux candidats de commenter trois citations sur le rire, respectivement de Bergson[2], Freud[3] et Kahn. Cela m'a permis d'affirmer à dessein lors des conférences, que, après la proposition par Bergson que le rire est déclenché par l'irruption d'une raideur mécanique dans la souplesse du vivant, celle de Freud en faisant un élément du surmoi, j'avais considérablement fait avancer la compréhension de ce propre de l'homme, selon Rabelais et les deux auteurs cités. Une telle affirmation déclenche toujours une double réaction. La plus grande partie des auditeurs rient d'une telle outrecuidance alors que les philosophes qui se réclament de Bergson et les psychanalystes freudiens sont indignés d'une telle prétention. Je suis parvenu à mes fins, permettre de faire comprendre par l'expérience ce que recouvre ma proposition. Qu'un ancien généticien, le cas échéant chemineau, ose prétendre s'élever au-delà de la sagesse de stars incontestables dans leurs disciplines constitue un quasi-blasphème, une évidente rupture de la norme académique et

---

1. A. Kahn, *L'Homme, ce roseau pensant...*, op. cit.
2. H. Bergson, *Le Rire. Essai sur la signification du comique*, Payot, 2012 (1900).
3. A. Szafran, A. Nysenholc, *Freud et le rire*, Métailié, 1993.

disciplinaire admise. Il y a lieu de s'en indigner, d'en ressentir des aigreurs à l'estomac et une accélération de son rythme cardiaque, d'en rougir de colère. Ou bien d'en rire à gorge déployée, et tout va bien, on peut même se sentir joyeux. De même, la mort effraie, sauf lorsqu'elle est le ressort de l'humour noir ; les plaisanteries un peu lestes concernant la religion, ses officiants et ses fidèles, peuvent choquer certains croyants et dignitaires mais bien divertir les autres. Un tyran terrorise, jusqu'à ce que l'on en rie, et alors il a bien du souci à se faire. Ce sont là les bases du rire de résistance[1], celui que les dictateurs et les terroristes s'efforcent par tous les moyens de faire taire.

Après avoir surmonté tous les obstacles au bonheur existe-t-il une route privilégiée pour y parvenir ? C'est selon moi le vieux Goethe, attendant la mort dans sa belle maison de Weimar, qui nous en décrit le plus beau trajet. Il a publié en 1808, à environ cinquante ans, le *Faust* le mieux connu, celui qui servira de fondement au livret de l'opéra de Gounod. Le mythe du Dr Faust, qui vécut réellement à Cracovie à la fin du XVe siècle, et de son pacte supposé avec le diable avait déjà inspiré de nombreux auteurs lorsque Goethe s'en saisit encore jeune (*Urfaust*, 1773-1775), puis dans la première partie de son poème dramatique de 1808. Le génie de la poésie et de la littérature allemandes convoqua à nouveau le personnage au-delà de ses quatre-vingts ans, *Le Second Faust*[2] est publié l'année de sa mort, en 1832. Ce texte est étrange,

---

1. Avant-propos de J. -M. Ribes, *Le Rire de résistance*, Beaux-Arts et Théâtre du Rond-Point, 2009.
2. J. W. von Goethe, *Faust et le Second Faust*, Bordas, 1993 (1877).

d'une grande beauté et d'une profondeur symbolique dont il est difficile de percevoir toute la richesse. Enivré de jeunesse, de gloire, de richesse, de plaisirs, de jeux et d'amours mais insatiable et insatisfait, Faust est tombé dans un profond sommeil. Méphistophélès n'a pu prendre son âme, puisque la condition fixée par le pacte infernal était que le docteur manifestât sa satiété : « Et quand je dirai à l'instant : Reste, tu es si beau ! alors tu pourras me charger de tes chaînes, alors je consentirai à me perdre. » Le rusé savant sait que ce n'est pas possible, ce que confirme la rage de consommation et de jouissance des temps modernes, il pense avoir berné le démon. Il se réveille dans une nature belle, paraît avoir tout oublié de sa vie tumultueuse et de ses accointances démoniaques, il aspire à la beauté et au bonheur. La première lui est offerte en la personne de l'Hélène grecque de l'*Iliade*, avec qui il a un enfant, Euphorion. Ce dernier porte en lui la quintessence de la poésie réconciliant le classicisme antique et le romantisme du temps. Cependant, faire de sa vie une œuvre d'art, ainsi qu'y aspirait le Dorian Gray d'Oscar Wilde[1], incarnation du dandysme, n'est pas possible en restant pleinement humain, l'allégorie du poète sort de l'humanité et meurt. Faust décide alors de faire le bien et se fait octroyer un territoire sur lequel il entreprend de grands travaux de sorte que les habitants y vivent heureux. Dans un premier temps, il adopte la position des révolutionnaires dénoncés par Camus, son objectif grandiose justifie que des vies humaines y soient sacrifiées. Il

---

1. O. Wilde, *Le Portrait de Dorian Gray*, Le Livre de poche, 2001 (1890).

laisse des démons brûler avec leurs habitants des maisons que des vieillards têtus refusaient d'évacuer, bloquant ainsi la poursuite des aménagements. Percevant ensuite que le bien ne peut se poursuivre qu'à hauteur d'homme, comme le fera son confrère le Dr Rieux de *La Peste*, il décide d'abandonner tous ses pouvoirs magiques, de concrétiser ses projets armé seulement de sa volonté de servir. Aveugle, il poursuit sa tâche tandis que Méphistophélès, sentant son triomphe approcher, fait creuser sa tombe. Faust a conscience d'œuvrer pour les humains, de préparer la voie « à un peuple libre sur une terre libre ». Au terme de ce passage de l'individualisme à une idéologie meurtrière du bonheur quel qu'en soit le prix, puis à un altruisme pleinement respectueux de la vie, le héros se sent vivre le plus beau rêve de l'humanité, il avoue être au summum du bonheur, et expire, par conséquent. Le diable a-t-il gagné ? Que nenni, c'est encore la malice initiale de Faust qui triomphe, la rédemption est possible, elle lui vaut une assomption glorieuse, soustrait qu'il est par les anges aux enfers. On le voit, cette œuvre tardive de Goethe contient beaucoup des réflexions émaillant cet ouvrage, elle insiste sur l'échec assuré des stratégies fondées sur les seules consommation et jouissance ; avant Camus, sur le potentiel criminogène des totalitarismes du bonheur ; sur l'apport de la beauté et de l'engagement altruiste à hauteur d'homme dans l'épanouissement humain.

Sans qu'ils aient sans doute lu cette seconde partie de *Faust*, ce sont aussi des intuitions et des aspirations de cet ordre qui motivent tant de milliardaires à consacrer un jour une partie considérable de leur fortune à des actions altruistes. Les philanthropes sont anciens, en particulier dans le monde anglo-saxon et protestant. Cependant les Rockefeller et autres Carnegie ont, au XIXe et début du XXe siècle, consacré surtout leur fortune à doter des fondations œuvrant dans les domaines des universités, de la science et de l'art. Le paternalisme de l'époque a aussi conduit dès la fin du XVIIIe siècle et, surtout, au XIXe siècle maints capitaines d'industrie à investir dans les logements, l'éducation, la santé et les loisirs de leur personnel, sans qu'il soit possible de faire la part ici de la philanthropie réelle et de la volonté de contrarier les idées socialistes en pleine expansion à cette époque. L'intervention massive de milliardaires dans l'humanitaire international a pris de l'ampleur depuis la fin du XXe siècle. La fondation Bill et Melinda Gates, dotée de trente-huit milliards de dollars, est la plus riche du monde, elle finance des programmes de développement et de santé en Afrique et ailleurs dans le monde, son budget annuel est voisin de celui de l'Organisation mondiale de la santé. Avec l'homme d'affaires et investisseur Warren Buffett, Bill Gates a convaincu trente-huit grandes fortunes américaines de consacrer la moitié de leur patrimoine à la philanthropie, ils tentent d'enrôler les Chinois les plus riches dans cette croisade. Ce « philanthro-capitalisme » peut apparaître constituer un moyen pour les privilégiés et les puissants de se donner bonne conscience, de redorer l'image d'un capitalisme qui sait par ailleurs se montrer d'une sauvagerie extrême, d'accroître le prestige et, finalement, le pouvoir des philanthropes ; ce n'est pas le lieu d'en discuter ici. Je doute pour ma part que la balance entre ce mouvement généreux et les méfaits mondiaux du tournant économique libéral néoclassique des années 1980[1] soit positif ! Pourtant, c'est là un exemple de la difficulté, je pense même de l'impossibilité, d'être heureux seul, de l'impuissance de l'individualisme le plus radical à satisfaire jamais, et, par conséquent, de ce que l'autre, condition de soi, l'est aussi du bonheur.

Humain, pleinement, jusqu'au bout du chemin

La vie s'est écoulée, avec ses richesses, ses succès, ses échecs, ses amours, ses chagrins et ses deuils. Le reflet du visage dans le miroir aussi bien que les regards des autres confirment que beaucoup de temps a déjà passé depuis celui de la jeunesse. L'univers psychique est à cet âge empli d'une infinité de souvenirs et d'images, il a en partie pris en charge celui de proches disparus. Une telle profusion ne peut que contraster avec ce qui s'annonce, en toute éventualité bien plus bref, sans doute moins divers et moins intense ; on le craint même parfois d'autant plus terne que la vie passée a été flamboyante. L'esprit, perdu dans l'évocation de ce flamboiement, des passions, parfois des triomphes, du pouvoir perdu et de la célébrité dissipée, hésite à s'en échapper pour considérer ce qu'il demeure à parcourir, évoquer la rupture plus ou moins brutale au terme du chemin. Lorsque l'idée même d'un « après la mort » ne se pose pas, ce qui est mon cas, le sens des engagements altruiste et créatif exige d'être adapté à cette nouvelle période de la vie.

---

1. A. Kahn, *L'Homme, le Libéralisme et le Bien commun, op. cit.*

En effet, beaucoup de leurs conséquences, amélioration du sort de ceux pour lesquels on s'est engagé et succès de ce que l'on a entrepris, se manifesteront pleinement lorsqu'on ne sera plus là pour en éprouver le cas échéant une légitime satisfaction. Aussi, la contribution de telles actions à l'impression de bonheur sera-t-elle limitée à leur intention et à leur réalisation, ne pouvant pas en général compter sur la joie provoquée par leurs effets heureux. Certes, ceux-ci sont incertains quel que soit l'âge auquel on agit et ne stérilise cependant pas nos initiatives. Cependant, le succès est toujours possible et la soif de le connaître accroît sans doute la vigueur de l'engagement. Imaginons Dewi très âgée – elle le sera, elle aussi – mais disposant de tous ses moyens intellectuels. Dans un nombre croissant de grands pays scientifiques, l'âge limite du travail n'existe pas plus pour les savants que pour les artistes, peintres, musiciens, écrivains et autres. Tant que les chercheurs soumettent des projets de recherche qui sont acceptés par les comités de sélection *ad hoc*, ils sont financés pour poursuivre leurs travaux. Faisons par conséquent l'hypothèse que, au-delà de quatre-vingt-cinq ans, notre héroïne se trouve dans ce cas. Il lui faudra une nouvelle force de caractère pour débuter un long programme expérimental dont elle ne verra sans doute pas l'issue, et certainement pas les retombées thérapeutiques éventuelles. Elle se lancera pourtant dans cette recherche, n'en doutons pas. Sa motivation restera comme lorsqu'elle était plus jeune la passion de la science, sur laquelle la vieillesse semble chez elle comme chez de nombreux de ses collègues impuissante. La pensée des bienfaits qu'elle apportera aux malades est bien plus forte que la déception de n'y pas assister de son vivant. Même si elle est persuadée d'une sorte de vie éternelle, elle n'a guère le sentiment que cela lui permettra dans l'au-delà de se réjouir encore de sa célébrité, être vue demain à l'égal de Louis Pasteur et de quelques autres comme une bienfaitrice de l'humanité n'est pas ce qui l'anime, le feu sacré allumé dans sa jeunesse n'a nul besoin d'un tel stimulant pour brûler encore. Évidemment résignée à la mort, Dewi ne l'est en rien à un abandon de la vie qu'elle aime avant que d'y être contrainte. Il faut reconnaître aussi que, dans le scénario imaginé, il sera plus aisé à notre héroïne de trouver malgré les ans sa place dans la société qu'à la grande majorité des anciens. Puisqu'elle aura prouvé sa capacité à continuer de bâtir l'avenir grâce à l'excellence de sa recherche, elle échappera à la déconsidération à laquelle l'évolution des stéréotypes culturels de nos sociétés expose sinon les personnes âgées.

La déploration de la vieillesse, l'angoisse de la jeunesse qui se fane ont sans doute existé depuis des temps reculés. « Mignonne, allons voir si la rose », ainsi débute le célèbre poème de Ronsard *À Cassandre*. Après l'évocation de « sa robe de pourpre au soleil » et de « son teint au vostre pareil », le poète met en garde la jeune femme : « Puisqu'une telle fleur ne dure/Que du matin jusques au soir. » Il enjoint enfin : « Cueillez, cueillez votre jeunesse :/ Comme à cette fleur, la vieillesse/Fera ternir votre beauté. » Sous des formes innombrables, le thème a été illustré par les peintres, les sculpteurs, les auteurs dramatiques et les romanciers, les chorégraphes, les cinéastes, etc. Cependant, le statut des anciens n'était jadis pas totalement dépourvu de considération et, de la sorte, de satisfactions. L'âge effaçait certes, comme aujourd'hui, maints attraits du corps mais était supposé apporter la sagesse qui, associée à la force de l'expérience, conférait un rôle spécifique dans la cité et dans la famille. Les philosophes antiques des écoles épicurienne et stoïcienne, Platon et Aristote, puis les Pères de l'Église se méfient de l'impulsivité des jeunes gens, de leur labilité émotionnelle, de leur fragilité dans la tempête des passions, de la force des désirs auxquels ils sont exposés, de leur absence de recul. Tout cela aboutit à autant de tentations et de pulsions les détournant d'un usage serein de leur entendement. La jeunesse est folle, elle est imprévisible et inconstante, la vieillesse est plus propice à l'atteinte de l'idéal philosophique de l'ataraxie, cette quiétude de l'âme où l'immunité aux émotions serait propice au meilleur épanouissement de la raison. Dans de nombreuses civilisations, ces attributs de l'âge justifient la spécificité des fonctions assignées à divers types de conseils des anciens présumés être sages, conseils retrouvés tout au long de l'histoire et que j'ai déjà évoqués en abordant la question du pouvoir. En Grèce, il en existait à Sparte et Troie, dénommés *gerousia*. Dans l'Alexandrie des Ptolémée, c'est une instance de ce type qui représente la communauté juive. Plusieurs cités italiennes s'en dotèrent aussi au Moyen Âge. Durant le Directoire, le Conseil des anciens est l'ancêtre du moderne Sénat. Ces structures semblent avoir eu une influence importante dans de nombreux groupes tribaux en Amérique, en Asie ou en Océanie. Des villes modernes ont elles aussi installé des conseils des aînés, des seniors, des anciens, mais au rôle tout différent de celui de leurs précurseurs : il s'agit d'assemblées de personnes âgées intervenant dans des décisions qui concernent leurs communautés du troisième âge, et non plus de cette source respectée de sagesse à laquelle les plus jeunes chefs demandaient des avis sur l'attitude à adopter dans la conduite du peuple. C'est là une conséquence des idées de progrès et de modernité nées dans leur forme actuelle en Europe au XVIIe siècle et qui n'ont cessé de prendre de l'ampleur jusqu'à ces toutes dernières années.

Puisque, « toute la suite des hommes pendant le cours de tant de siècles doit être considérée comme un même homme qui subsiste toujours et qui apprend continuellement » (Blaise Pascal, *Préface pour un traité du vide* et *Pensées*) et que « le savoir est pouvoir » (« *Scientia est potentia* », Francis Bacon, *Novum organum*) pour l'homme de « se rendre comme maître et possesseur de la nature » (René Descartes, *Discours de la méthode*), les Modernes juchés sur les épaules des géants que sont les Anciens voient plus loin qu'eux. Dans une vision selon laquelle le savoir ancien n'est que le soubassement de son propre dépassement, la nouvelle génération a un avantage obligatoire sur l'ancienne. Cette dynamique du progrès n'implique bien entendu pas de négliger ou de mépriser l'histoire et la tradition, de rejeter l'apport des prédécesseurs ; elle conduit en revanche à considérer ce dernier inférieur aux idées nouvelles puisque celles-ci l'ont perfectionné. Un pas supplémentaire consiste à appréhender la civilisation et le legs de jadis en tant que freins à l'émergence du monde désirable de demain. Il existe deux versions types de cette analyse. Le chant révolutionnaire des socialistes et des communistes, *L'Internationale*, en énonce une : « Du passé faisons table rase. » L'autre, d'obédience plutôt libérale, valorise de façon systématique les stratégies « de rupture », les mondes nouveaux libérés des entraves et des présupposés de l'histoire, la démarche conquérante du pionnier et de l'explorateur, la conquête de l'Ouest, les bâtisseurs de la Silicon Valley et les exemples à la Steve Job et à la Bill Gates. Durant la crise qui précéda l'intervention des Anglo-Américains contre l'Irak de Saddam Hussein, les partisans de George W. Bush et de Tony Blair opposèrent la « Vieille Europe » prisonnière de ses règles et de ses scrupules appartenant au passé (l'Allemagne, la France, la Belgique) à la « Nouvelle Europe » libérée de telles références et apte à aller de l'avant (l'Angleterre, l'Espagne, la Pologne...). Rarement de façon plus spectaculaire qu'en cette occasion ne se manifesta l'idéologie actuelle d'un « jeunisme » sans mémoire ni retenue des citoyens et des nations. Vive la jeunesse et la modernité, larguons les amarres qui nous ancrent à l'histoire, seule l'action sans regret est belle ! Bien entendu, on nage ici en pleine illusion, l'actualité nous enseigne chaque jour qu'on ne se débarrasse pas si aisément de son passé, qu'il revient en force et s'impose même lorsqu'on prétendait en faire table rase. Ainsi, après plus de soixante-dix ans de communisme, les anciennes républiques de l'Union soviétique n'ont pas été longues à renouer avec les stéréotypes nationalistes, ethniques, culturels et religieux des nations d'origine. La même observation vaut pour les peuples de l'ex-Yougoslavie aussi bien que pour l'ensemble des pays musulmans.

Il n'empêche, cet avenir qu'il revient à une jeunesse belle, conquérante et consommatrice d'édifier sans trop se soucier des leçons du passé ni rien attendre du regard distancié, parfois désabusé, des anciens, relève du mythe. Il s'ensuit une aggravation contemporaine de l'image et du statut des personnes âgées. Non seulement elles ont abandonné depuis longtemps les attraits et les plaisirs de leurs vingt ans, cela les marginalisant en consommateurs sur le déclin, mais la sagesse qui leur était jadis reconnue est prise maintenant pour un exercice de ratiocinations inutiles, voire comme une menace pour l'action déterminée qui s'impose. Les exceptions existent, mais elles confirmeraient plutôt la règle. Dans la France des années 2000, des nonagénaires tels que Stéphane Hessel, Edgar Morin et quelques autres ont une considérable audience médiatique mais en réalité peu d'influence. À la méfiance envers la jeunesse folle d'antan s'est substitué le discrédit d'une vieillesse déconnectée d'un monde réel en transformation permanente. Les vieux n'ont jamais eu d'avenir, leurs idées et leurs conseils en avaient. Cela a cessé, posant avec brutalité la question de l'inutilité de cet âge et, au-delà, de son coût pour les familles et la société dans son ensemble. Même les services familiaux rendus par les grands-parents prompts à dépanner leurs enfants en s'occupant de leur progéniture deviennent impossibles lorsque l'exubérance des petits excède la résistance des anciens. Or, en total décalage avec ce tableau, la population vieillit et vieillira, la proportion des personnes de plus de quatre-vingts ans étant appelée à croître. De ce fait, le fossé se creuse démesurément entre la société réelle, vieillissante, et un monde idéalisé, structuré autour de l'icône d'une jeunesse belle, consommatrice et entreprenante. Lorsque le vieillard a cessé non seulement de produire, mais aussi de consommer autre chose que des dépenses de santé et de dépendance, lorsque son image s'impose comme la négation de celle d'une vie rêvée, sa situation devient des plus précaires. L'existence moderne crée de nombreux obstacles à l'accueil des aînés sous le même toit que le reste de la famille. Dévalorisé et stigmatisé en raison de son coût social et économique, le troisième âge est, sous certains aspects, la preuve patente de l'échec d'une science triomphante qui prétend tout pouvoir maîtriser. Malgré elle et ses proclamations, on continue de vieillir et de mourir, et cette défaite s'affiche.

Tous ces facteurs contribuent à l'exclusion d'une part croissante de la communauté humaine, qui s'est écartée des standards prisés et valorisés au point d'apparaître comme une sorte de provocation en même temps qu'une évocation cruelle de ce que chacun est appelé à devenir. Vieux et vieilles, ces dernières environ cinq fois plus nombreuses que les premiers, sont alors comme retranchés de la collectivité, réunis dans des maisons de retraite de tous types dont ils sortent de moins en moins, si ce n'est à la dernière extrémité pour, souvent, finir leurs jours à l'hôpital. Il s'agit là d'une vraie rupture avec la tradition qui voulait que coexistent dans la même maison trois ou quatre générations, chacune avec une place déterminée dans l'univers domestique et psychique des habitants. C'est aujourd'hui l'empreinte d'une humanité tronquée de sa composante la plus âgée qui s'impose dans les esprits, en discordance avec une réalité qu'il s'agit d'exorciser en un déni emblématique de la modernité. Le statut précaire des anciens devient même dramatique lorsque la maladie s'en mêle, en particulier l'affaiblissement intellectuel culminant avec la maladie d'Alzheimer et les autres formes de démence sénile. Une nette stratification s'établit dans les maisons de retraite entre les pensionnaires dont la vivacité intellectuelle est totalement conservée, les gâteux plus ou moins ralentis et, à l'autre extrémité de l'éventail, les malades atteints de différentes formes avancées de démences et d'Alzheimer. C'est chez ceux dont l'activité psychique et les capacités de raisonnement sont les mieux préservées que surviennent de redoutables et fréquents épisodes dépressifs, conséquences de la disparition des statuts social, familial et affectif des aînés. Marginalisées en regard du stéréotype d'une existence positive et glorieuse que véhicule notre temps, dépourvues de toute utilité économique et de toute place reconnue dans la cité comme au sein du foyer, stigmatisées comme parasites menaçant la prospérité des nations, privées souvent de toute chaleur humaine, oubliées et délaissées par les leurs, trop nombreuses sont les personnes âgées qui désirent mourir, tentent de se donner la mort ou demandent qu'on la leur donne. Le troisième âge est, avec la période allant de l'adolescence aux premières passions amoureuses, celui durant lequel la fréquence des tentatives de suicide est la plus élevée. Les suicidants témoignent par leur geste de ce que leur position, l'image dégradée d'eux-mêmes que leur renvoie la société entière, et en particulier les leurs, l'indifférence apparente à leur égard de ces derniers, la monotonie des jours sans tendresse, affection ni même convivialité ne justifient en rien qu'ils continuent à vivre. Le passage à l'acte suicidaire des anciens connaît un pic de fréquence les Jours de fêtes, à Noël et au Jour de l'an, lorsque la solitude des personnes est rendue plus insupportable encore par la pensée des réveillons chaleureux, en famille ou entre amis, qu'on a connus jadis et dont peuvent se réjouir tant d'autres dans la ville. Je me rappelle avoir reçu, il y a au moins trente-cinq ans de cela et alors que j'assurais une garde de réanimation à l'hôpital, un 24 décembre, une dame qui s'était planté un petit couteau de cuisine dans la poitrine. La pointe de la lame avait chatouillé le cœur, la patiente souffrait d'un hémopéricarde (épanchement sanguin dans l'enveloppe entourant le cœur) menaçant. Je la sauvai par un geste rapide et salvateur, l'évacuation partielle de l'hémopéricarde par ponction. La famille s'alarma et s'émut du geste de l'aïeule, ne la délaissa plus, l'entoura d'une affection attentive. La vieille dame ne récidiva jamais et mourut, je crois bien, de sa belle mort, des années après.

J'ai donné maints exemples dans cet ouvrage de ce qu'être heureux seul et pour soi semble largement hors de portée. Cette impuissance contraste avec l'injonction dominante de la société individualiste moderne à se fixer comme objectif principal de faire prospérer ses potentialités pour accéder à la richesse et aux plaisirs. C'est, avec les inégalités croissantes, l'une des racines du mal-être contemporain. Aux âges avancés, l'autre, toujours indispensable au bonheur, le devient aussi à la vie elle-même des personnes qui pourraient, avec le philosophe handicapé Alexandre Jollien, revendiquer un droit à la fragilité, à la non-performance, désirer qu'on les intégrât à son *Éloge de la faiblesse*[1]. Plus fragile, toujours, souvent moins performante selon les critères en vigueur, la personne près du terme de son parcours et que n'accable pas une perte de son entendement constitue au moins un lien irremplaçable entre le passé et le présent, lequel se doit, je pense, d'y être enraciné s'il ambitionne de préparer un futur dont l'esprit de progrès pour l'homme ne néglige rien des enseignements d'hier. Cependant, la raison d'être des racines est de stabiliser et nourrir l'arbre, celle du lien est de maintenir une connexion, ils sont sans cela inutiles et absurdes. Ainsi en va-t-il des aînés disponibles mais fragiles, qui savent les trésors qui résident en eux mais n'ont plus guère les moyens de les enrichir encore. Ils sont prêts à les transmettre si on veut s'en saisir, ils les emporteront sinon avec eux au terme d'une existence qu'ils ne feront alors le plus souvent aucun effort pour prolonger. Cependant, lorsque les proches picorent dans les souvenirs de l'ancien comme un oisillon dans le bec de ses parents, que jamais ne s'est éteint l'éclat des regards qui témoignent de l'intérêt, de l'attachement, de l'affection, de l'amour, alors chacun peut sans doute penser un peu ce que ma mère m'a déclaré, déjà bien âgée : « Vous savez, mes enfants (c'est-à-dire mes frères et moi), grâce à vous, ma vieillesse est tellement plus belle que ma jeunesse ! » Nous avons été bouleversés, autant pour ce que cette phrase suggérait de la jeunesse de cette femme que pour ce dont elle témoignait de son vécu présent, conforme, nous apparaissait-il, à ses aspirations. Elle était par conséquent heureuse, si je m'en tiens à la définition pro-

---

1. A. Jollien, *Éloge de la faiblesse*, Marabout, 1999.

posée du bonheur. On peut l'être à tous les âges de la vie, à la double condition que les autres y mettent aussi du leur et de ne pas se fixer les mêmes objectifs ni se lancer les mêmes défis qu'aux âges antérieurs. Pour ceux qui ont la chance immense d'avoir toujours créé et qui n'en ont pas été privés par la vieillesse qui s'avance, qui est là, l'interrogation discutée plus haut sur le sens d'efforts dont ils ne verront pas les fruits est en fait contrebalancée par la notion d'urgence. Il est dans la condition humaine d'inscrire un parcours, une vie, une œuvre dans un intervalle de temps toujours limité par la mort. Cela est vrai à tout âge et devient pressant lorsque les années s'accumulent. Faire, toujours, puisqu'on en est capable, mais dès maintenant car, demain, il sera trop tard. Continuer de créer puisqu'on ne s'imagine pas s'arrêter, l'« être-créateur » est le sien et c'est celui dans lequel on tient à persévérer, pour reprendre ma discussion à propos du *conatus* de Spinoza, cadre général du bonheur. Et puis, Dewi, moi avant elle, les lecteurs un jour, nous nous retournerons au bout du chemin sur celui parcouru notre vie durant. Jamais nous ne pourrons en être pleinement satisfaits, il y avait encore tant à accomplir, cela aurait probablement pu être différent, mieux, parfois. Pourtant, nous y avons mis tout notre cœur, les autres disent de nous que nous sommes plutôt des « gens bien », ce n'est pas si mal après tout. Parce que nous l'avons pu, nous avons vécu, en somme, humains, pleinement.

Épilogue

Gloire

Bien calée dans son fauteuil de la classe affaires, Dewi, fatiguée, ferme les yeux. À côté d'elle, Purwanti, émue, la couve du regard. Un peu plus loin dans l'avion qui les mène de Djakarta à Banjarmasin, la capitale de la province du Kalimantan du Sud, Hasan, sa fille et ses deux fils sont présents, eux aussi, ils n'auraient pour rien au monde manqué ce voyage qui marque la gloire, maintenant immortelle, de leur belle-fille et sœur, dont ils sont tous si fiers. Cette dernière projette sur le rideau de ses paupières baissées le film des événements incroyables de ces dernières années. Les premiers essais cliniques des molécules activatrices de la régénération neuronale que ses travaux avaient permis de mettre au point s'étaient révélés si prometteurs chez des personnes âgées victimes d'accidents vasculaires cérébraux que les autorités américaines et européennes avaient autorisé l'inclusion d'un plus grand nombre de patients dans ces essais. Il n'y avait pas de doute, l'injection hebdomadaire du candidat médicament chez les personnes affectées hâtait beaucoup leur récupération neurologique et la faisait progresser à des niveaux inconnus jusque-là. En moins de six mois, des personnes hémiplégiques retrouvaient une marche presque normale, leur aphasie régressait et ils recommençaient à parler sans gêne apparente. L'imagerie cérébrale par résonance magnétique confirmait la réparation presque totale des aires encéphaliques lésées. Fortes de ces données, des équipes neurochirurgicales de Boston et Djakarta, suivies par des collègues européens, obtinrent de tester les nouveaux produits sur des accidentés du travail et de la route avec fracture de la colonne vertébrale et section de la moelle épinière. Les blessés étaient tous opérés, la région brisée et déplacée était réduite et stabilisée. Cependant, on sait que les chances dans de tels cas d'une récupération totale de la paraplégie provoquée par les dégâts médullaires sont presque nulles. Les fibres nerveuses dégénèrent en effet en amont de la section et leur régénération sur des distances qui peuvent aller jusqu'à un mètre et au-delà est bien difficile, contrariée de plus par le développement d'une cicatrice fibreuse qui s'y oppose. Deux types d'essais furent conduits : l'un, aux résultats peu probants, similaire au précédent, avec injections intramusculaires répétées du produit testé ; en revanche, ceux du second protocole, comportant de plus une administration locale du médicament, à l'occasion de l'opération initiale et plusieurs fois par la suite en injections stéréotaxiques, se révélèrent spectaculaires, améliorés encore par des injections dans le liquide céphalorachidien. Un an après leur accident, la majorité des malades inclus dans l'essai remarchaient. Tout se passait comme si la molécule testée, outre la stimulation de la régénération neuronale, inhibait aussi la formation du tissu cicatriciel, qu'il est impossible pour les fibres en croissance de franchir. Dewi, informée de ces données, avait formulé une hypothèse. Ses recherches reposaient sur ses premières observations des phénomènes régénératifs chez la salamandre. Or, là aussi, il est essentiel d'inhiber la cicatrisation afin que la régénération puisse se dérouler. Elle testa en laboratoire cet effet des produits et put confirmer leur influence inhibitrice sur la prolifération des fibroblastes et la formation de tissu fibreux, ce qui lui permit de donner des conseils pour optimiser les protocoles cliniques.

En quelques années seulement, l'approche thérapeutique des lésions du système nerveux central avait été bouleversée, des premières données suggéraient une influence bénéfique dans la maladie d'Alzheimer et autres affections neurodégénératives. Des expériences préliminaires sur des souris et des rats cacochymes semblaient suggérer une efficacité des molécules sur certains troubles neurologiques de la sénescence. On parlait de débuter des essais sur des personnes souffrant d'affaiblissements cognitifs liés au grand âge. Dewi reçut le prix Albert-Lasker, antichambre consacrée du prix Nobel de physiologie et de médecine. Elle se savait par conséquent sur la très courte liste des lauréats pressentis mais était si jeune encore – à peine plus de quarante ans – qu'elle n'y pensait pas tous les matins sous sa douche. Les deux coups de téléphone successifs, de l'académie Nobel d'abord puis du directeur de l'EPFL (École polytechnique fédérale de Lausanne), l'informant de la nouvelle l'avaient par conséquent stupéfiée, ils avaient déclenché en elle des sentiments mélangés. De fierté, bien entendu, cette reconnaissance qui marquait ses succès l'enthousiasmait. De crainte, aussi. Dewi avait conscience de la folie qui l'attendait, les sollicitations des médias du monde entier, les réceptions, tous les événements de nature à l'éloigner, pour un temps au moins, de sa recherche. Il lui fallait préparer aussi son allocution de remise du prix, le 10 décembre à Stockholm.

Elle se rappelle chaque détail de la cérémonie. Sa mère et Hasan avaient déjà tenu à être présents. Leurs autres enfants ne l'avaient pu, les places étaient limitées, ils le regrettaient. D'abord un peu tremblante, les yeux embués, puis avec plus d'assurance, la lauréate avait sobrement évoqué ce père qu'elle n'avait pas connu, sa sœur jumelle dont elle aurait tant aimé qu'elle fût d'une manière ou d'une autre associée à son triomphe. Elle avait surtout développé sa vision d'une recherche scientifique refuge d'un idéal humain d'objectivité, d'honnêteté et de respect, souhaité qu'elle fût mieux partagée, tant au niveau de sa conduite que de ses retombées. Forte de son exemple personnel, Dewi avait souligné combien les femmes peuvent apporter à la science, combien elles en sont empêchées dans encore trop de pays. Consciente des perspectives de ses travaux pour tant de personnes malades ou blessées dans le monde, elle avait lancé un vibrant appel pour que ses bienfaits soient accessibles à tous, aux plus pauvres aussi bien qu'à tous ceux vivant dans les pays riches à haut niveau de protection sociale. Elle avait enfin annoncé que la dotation attachée au prix – un peu plus d'un million de dollars car, et cela était

ÉPILOGUE

exceptionnel, elle avait seule été primée – serait pour un tiers consacrée à son laboratoire et pour le reste investie dans la création d'une fondation en faveur de la fourniture aux déshérités des médicaments fondés sur ses travaux. Après la réception de son prix, Dewi était rentrée au pays avec ses parents, pour se reposer mais aussi car elle y était demandée de toutes parts. Elle offrait en effet à l'Indonésie son premier prix Nobel de l'histoire. Le président de la République indonésienne l'avait bien entendu reçue en personne, comme une première fois plus de dix ans auparavant lorsque ses résultats lui avaient déjà valu une notoriété mondiale. Une fête magnifique avait ensuite été organisée pour elle, on avait tiré la nuit un somptueux feu d'artifice. L'université de Djakarta, où tout avait débuté, lui avait rendu un éclatant hommage académique et avait décidé de rebaptiser de son nom, Dewi Anjarwati Binti Sumardi, le plus grand amphithéâtre de l'établissement. Elle vole maintenant vers son île natale, les autorités de Banjarmasin désirent elles aussi lui rendre hommage. Elle doit dès le lendemain de son arrivée donner une grande conférence à l'université d'État Lambung Mangkurat.

Eka

Dewi a maintenant donné sa conférence, devant un grand amphithéâtre bondé. Il a fallu sonoriser deux autres auditoriums pour accueillir tous ceux brûlant d'entendre et de voir cette fille de Bornéo, de la province qui plus est, maintenant au panthéon de la science. On en est au temps des questions, elles fusent de toutes parts, on les communique aussi depuis les autres sites où la conférence a été retransmise. Tout y passe, des demandes de précisions scientifiques et médicales aux renseignements sur la vie de l'héroïne, ses parents, sa carrière. Une femme se lève alors et demande : « Madame, pensez-vous que ces molécules stimulatrices de la régénération neuronale que vous avez découvertes soient susceptibles un jour de venir en aide aux enfants présentant des retards cognitifs, des arriérations mentales ? » Dewi y avait peu pensé, à vrai dire. Elle répond que sans doute ces médicaments seraient inefficaces sur les retards mentaux d'origine génétique puisque les neurones dont la régénération pourrait être stimulée seraient eux-mêmes anormaux. La femme reprend le micro pour solliciter une réponse supplémentaire : « Mais dans le cas où le retard mental serait lié non à une anomalie génétique mais aux conditions du développement postnatal, à une carence affective et culturelle majeure ? Vos produits pourraient-ils, en quelque sorte, reprogrammer plus tard un cerveau dont les anomalies de maturation après la naissance seraient dues avant tout à un déficit de l'environnement dans la prime enfance ? Remettre la pendule à zéro et tout reprendre ? » Dewi ne comprend pas bien ce qu'on lui demande et propose à l'interlocutrice de venir en parler avec elle une fois la conférence terminée, pendant la réception qui doit suivre. C'est ainsi que les choses se déroulent, les deux femmes se mettent un peu à l'écart pour discuter plus à l'aise. Dewi apprend que cette femme aux cheveux grisonnants est éducatrice dans un établissement de la ville et qu'elle

ÉPILOGUE

s'occupe d'enfants et d'adolescents souffrant de déficits intellectuels plus ou moins sévères. Jeune encore dans l'institution, elle avait été très marquée, il y a un peu plus de trente ans de cela, par une observation singulière. Une enfant d'une dizaine d'années d'âge osseux leur avait été confiée. On l'avait trouvée nue et hirsute en bordure de la grande forêt du parc national de Tanjung Puting dans laquelle elle avait probablement vécu auparavant, sans doute intégrée à un groupe de primates : elle s'était en effet précipitée vers les orangs-outans d'un refuge qui leur était réservé et dans lequel on l'avait conduite, afin de vérifier cette hypothèse. « Je la vois encore et, tenez, c'est singulier, elle avait les yeux verts, un peu comme vous. On n'oublie pas un tel détail, c'est si rare ici. » Elle ne parlait pas au début mais avait ensuite acquis un langage assez sommaire. En revanche, elle n'avait pu maîtriser l'écriture. Son quotient intellectuel n'avait pas dépassé celui d'un enfant de trois à quatre ans. Elle avait, au bout de quelques années, développé un tableau psychotique, peut-être après un abus sexuel. Un enfant, un garçon qui devrait aller aujourd'hui sur la trentaine, était né, il lui avait aussitôt été retiré et avait été placé. Par la suite, l'adolescente sombra dans une apathie et une hébétude entrecoupées d'épisodes de délire et d'agitation, et se laissa mourir de faim. Son décès survint après plusieurs complications infectieuses dans une cachexie avancée. Dewi prête d'abord une attention assez distraite à cette femme qui veut savoir si ses travaux auraient pu s'appliquer à cette fille. Elle l'écoute cependant bientôt avec une attention extrême, sa gorge se noue, elle se met à respirer comme avec peine, son interlocutrice, éberluée, la voit pâlir, prendre congé brusquement et s'éloigner comme hallucinée.

La lauréate se précipite vers sa mère, qui est encore à la réception avec le reste de la famille et qui est stupéfaite de l'état de sa fille, elle aurait pourtant dû n'avoir que des motifs de satisfaction, en un tel jour. « Maman, as-tu des photographies de moi quand j'avais dix, douze ans ? J'en ai besoin, il me les faut, tout de suite, je te dirai pourquoi. » Purwanti en a avec elle, bien sûr, une liasse même, qui ne la quitte jamais. Dewi retrouve bien vite l'éducatrice ; chancelante, elle lui montre l'image : « La fille, la fille de la forêt dont vous m'avez parlé, ressemblait-elle à celle de la photo ? – Comment vous l'êtes-vous procurée ? Oui, je me la rappelle, c'est elle, quoique, dans mon souvenir, elle ait été bien plus maigre, le visage moins expressif, aussi. » Cette fois Dewi se fige, incapable de parler, puis elle recule à petits pas, tourne les talons et quitte la réception comme en état d'hypnose, sous le regard médusé des convives et sans que personne n'ose l'arrêter. Elle se fait conduire en taxi directement à l'institution pour jeunes handicapés, se présente, son extrême célébrité constitue un sésame absolu. Elle obtient qu'on sorte le dossier de l'enfant sauvage, l'observation, quoique ancienne, est suffisamment étonnante pour qu'on ne l'ait pas oubliée. Il y a là des coupures de journaux montrant la petite fille à sa découverte en lisière du parc, puis des photos prises plus tard. Pas de doute, ce pourrait être elle, Dewi, c'est par conséquent Eka, sa sœur, son double qu'elle croyait avoir été réduite en cendres dans l'incendie qui coûta la vie à leur père. Eka avait vécu, elle avait même eu un fils avant de disparaître définitivement, cette fois. Définitivement, est-ce bien sûr ?

Le rêve de Dewi

Dewi a appelé sa mère sur son téléphone portable. Prétextant une fatigue extrême, bien compréhensible, elle a prétendu avoir besoin d'être seule, ce soir, de se coucher tôt. Demain, tout irait sans doute mieux, elle lui expliquerait pourquoi elle avait eu besoin des photos, mais pas maintenant, elle n'en peut vraiment plus. Elle n'a en effet encore rien annoncé à Purwanti, qui sera au moins aussi ébranlée qu'elle-même, il lui faut réfléchir. Sans dîner, Dewi s'allonge tout habillée sur son lit. Lorsqu'elle est en mesure de rétablir un semblant de calme dans le tumulte de ses pensées, elle se repasse le film des événements récents, sur le fond de celui de sa propre vie. Elle ne sait rien des circonstances exactes qui ont provoqué cette situation mais elle la comprend. Pendant qu'elle-même était choyée dans sa famille blessée mais unie et aimante, sa sœur était dans la jungle, sans aucune présence humaine et en la seule compagnie de grands singes. Ces quelques données lui suffisent pour imaginer ce qui s'était ensuite passé. Par moments, Dewi s'assoupit, puis s'éveille, avant de sombrer à nouveau l'instant d'après dans un demi-sommeil. Un tel état intermédiaire entre veille et conscience est propice aux constructions psychiques déconnectées d'un étroit contrôle de la raison, l'esprit de notre lauréate fonctionne à plein régime, en toute liberté.

Si Eka avait été vivante, encore, aurais-je été capable de réaliser ce que cette femme, éducatrice dans l'institution où ma sœur a été accueillie, suggérait cet après-midi ? Provoquer une production de neurones tout neufs auxquels on imposerait alors d'établir dans un environnement favorable les connexions utiles à la progression mentale postnatale de l'enfant ? Mais comment mimer chez une femme de mon âge, et même chez une fille de dix ans si on avait été capable d'intervenir immédiatement, les relations affectives et intersubjectives grâce auxquelles un nourrisson assure une maturation *ad hoc* des circuits neuronaux nécessaires ensuite à son développement cognitif ? À quelle aberration un bricolage hasardeux exposerait-il ma sœur ? Quel désordre psychique incontrôlable pourrait en résulter ? De toute façon, Eka n'est plus. N'est-elle plus, vraiment ? Peut-être a-t-on conservé des cellules en culture, des tissus congelés de sorte à en préserver l'intégrité cellulaire ? Alors, je pourrais sans doute parvenir à cloner ma sœur, les techniques le permettant se sont tellement améliorées ces toutes dernières années... Le nouveau bébé Eka serait toujours ma jumelle mais j'en serais pourtant l'aînée de plusieurs décennies. Comment, là encore, imaginer le développement après sa naissance de cette enfant ? Si elle connaissait des conditions familiales mimant celles que j'ai vécues, elle serait peut-être plus moi qu'elle. Mais qui est la vraie Eka ? Celle qui est décédée après une enfance sauvage ? C'est ce dont j'aimerais réparer les dégâts, c'est absurde. Il n'en existe pas d'autre, pourtant. Et puis, que je suis stupide ! Cloner Eka alors qu'il en existe déjà un clone, moi, quelle absurdité ! J'ai tous les gènes qu'avait ma sœur,

ÉPILOGUE

mon parcours seul a différé du sien. Sinon, puisque Eka n'est plus, je puis être Eka mieux que quiconque. Pourquoi ne le serais-je pas ?

Dewi à cette idée se réveille pour de bon, elle s'en ressaisit armée maintenant de son impeccable logique de chercheuse. Rien à y redire, la pensée est robuste, elle dispose en elle de tout l'amour, et de plus de tous les gènes pour faire vivre Eka, son double évanoui. Dewi pleure, alors.

Sœurette, prends ma main, maintenant, nous nous sommes retrouvées, nous ne nous quitterons plus qu'à notre mort à toutes les deux, désormais. Et ton enfant, notre enfant, nous ne lui avons légué que la moitié de son patrimoine génétique, pas ton amour, pas notre amour, hélas. Nous n'y pouvons plus rien, bien entendu. Il nous faut pourtant le trouver, lui parler de toi, Eka, de nous, de ses grands-parents, de sa tante et de ses oncles. Je ne sais ce qu'il en fera, donnons-lui cette chance, pourtant, saisissons-la nous-mêmes. Demain, je dirai tout à maman, à notre sœur et à nos frères, à Hasan aussi. Nous devrons être très vigilantes, maman sera bouleversée, nous tenterons de lui faire comprendre que nous sommes maintenant toutes deux auprès d'elle, et que nous l'aimons tant. Et puis tu sais, Eka, c'est maman qui a ta bague, l'une des deux que papa nous a achetées, à notre naissance. Tu vois, j'ai celle avec la pierre bleutée à ma main droite. Nous lui demanderons de nous donner l'autre, je veux que tu la portes, ses reflets rosés brilleront à ma main gauche, désormais.

Table

Introduction 9
   Jours heureux au Kalimantan 9
   Le triomphe de Dewi 14
   Eka, la fille de la forêt 18
   Divergence d'un clone 21

1. Bâtir 25
   Affectif et cognitif chez le nourrisson 25
   L'individuation 31
   L'enfant, son cerveau et le monde 36
   L'enfance, pouvoirs et fragilité 41
   L'adolescence 46
   Aimer, oser vouloir : savoirs et liberté 51
   La famille et le lignage 57
   La famille, les enfants, les gènes et le cœur 64
   Soi-même et les autres, le socle de la pensée morale 69

2. Épanouir 75
   L'ami 75
   L'amant 78
   Maternité 84
   Être parent 93

Les bêtes et nous	99
La beauté	103
La vie spirituelle et religieuse	115
La laïcité	121
Penser	127
Marcher et penser	133
Travailler	136
3. Projets, ambitions et bonheur	145
Le sens de la vie	145
Chercher, écrire, créer, transmettre	150
Ambition, compétition, coopération, envie	157
La célébrité	166
L'argent	172
Le pouvoir	183
Le corps	190
L'engagement	200
Joies et bonheur	208
Humain, pleinement, jusqu'au bout du chemin	222
Épilogue	235
Gloire	235
Eka	239
Le rêve de Dewi	243

DANS LA MÊME COLLECTION

Marcel Gauchet, La Condition historique, *2003*.
Yves Michaud, L'Art à l'état gazeux, *2003*.
Paul Ricœur, Parcours de la reconnaissance, *2004*.
Jean Lacouture, La Rumeur d'Aquitaine, *2004*.
Nicolas Offenstadt, Le Chemin des Dames, *2004*.
Olivier Roy, La Laïcité face à l'islam, *2005*.
Alain Renaut et Alain Touraine, Un débat sur la laïcité, *2005*.
Marcela Iacub, Bêtes et victimes et autres chroniques de Libération, *2005*.
Didier Epelbaum, Pas un mot, pas une ligne ? 1944-1994 : des camps de la mort au génocide rwandais, *2005*.
Henri Atlan et Roger-Pol Droit, Chemins qui mènent ailleurs, dialogues philosophiques, *2005*.
René Rémond, Quand l'État se mêle de l'Histoire, *2006*.
David E. Murphy, Ce que savait Staline, *traduit de l'anglais (États-Unis) par Jean-François Sené, 2006*.
Ludivine Thiaw-Po-Une (sous la direction de), Questions d'éthique contemporaine, *2006*.
François Heisbourg, L'Épaisseur du monde, *2007*.
Luc Boltanski, Élisabeth Claverie, Nicolas Offenstadt, Stéphane Van Damme (sous la direction de), Affaires, scandales et grandes causes. De Socrate à Pinochet, *2007*.
Axel Kahn et Christian Godin, L'Homme, le Bien, le Mal, *2008*.
Philippe Oriol, L'Histoire de l'affaire Dreyfus, I. L'affaire du capitaine Dreyfus (1894-1897), *2008*.
Marie-Claude Blais, Marcel Gauchet, Dominique Ottavi, Conditions de l'éducation, *2008*.
François Taillandier et Jean-Marc Bastière, Ce n'est pas la pire des religions, *2009*.

Hannah Arendt et Mary McCarthy, Correspondance, 1949-1975, *2009.*
Didier Epelbaum, Obéir. Les déshonneurs du capitaine Vieux : Drancy, 1941-1944, *2009.*
Béatrice Durand, La Nouvelle Idéologie française, *2010.*
Zaki Laïdi, Le Monde selon Obama, *2010.*
Bérénice Levet, Le Musée imaginaire d'Hannah Arendt, *2011.*
Simon Epstein, 1930, une année dans l'histoire du peuple juif, *2011.*
Alain Renaut, Un monde juste est-il possible ?, *2013.*
Nicolas Offenstadt, En place publique. Jean de Gascogne, crieur au XVe siècle, *2013.*
François Heisbourg, La Fin du rêve européen, *2013.*
Axel Kahn, L'Homme, le Libéralisme et le Bien commun, *2013.*
Yves Michaud, Le Nouveau Luxe. Expériences, arrogance, authenticité, *2013.*
Marie-Claude Blais, Marcel Gauchet, Dominique Ottavi, Transmettre, apprendre, *2014.*
Thomas Bouchet, Les Fruits défendus. Socialismes et sensualité du XIXe siècle à nos jours, *2014.*
Olivier Rey, Une question de taille, *2014.*
Didier Epelbaum, Des hommes vraiment ordinaires ? Les bourreaux génocidaires, *2015.*
François Heisbourg, Secrètes histoires. La naissance du monde moderne, *2015.*
Marcel Gauchet, Éric Conan, François Azouvi, Comprendre le malheur français, *2016.*
Yves Michaud, Contre la bienveillance, *2016.*

« RÉPLIQUES »
sous la direction d'Alain Finkielkraut

Ce que peut la littérature, *2006.*
Qu'est-ce que la France ?, *2007.*
La Querelle de l'école, *2007.*
L'Interminable Écriture de l'Extermination, *2010.*

*Cet ouvrage a été composé
par Nord Compo à Villeneuve-d'Ascq (Nord)
et achevé d'imprimer en avril 2017
sur presse rotative numérique
par Dupli-Print à Domont (95)
pour le compte des Éditions Stock
21, rue du Montparnasse, 75006 Paris*

Imprimé en France

Dépôt légal : avril 2017
N° d'édition : 07 - N° d'impression : 2017034527
66-07-2182/4